现代职业教育研究新视野丛书

集群创生，专业"聚"变

——职业教育专业集群建设理论与实践

魏明 著

清华大学出版社

北京

内容简介

本书基于职业教育产教融合分类理论的思想体系,以区域创新系统理论、集群竞争优势理论、新经济地理学理论以及教育经济学相关理论为指导,探索研究产教融合中区域产业集群与职业教育专业集群发展的关系。

本书在内容上从专业变革的历史实践探索出发,分析专业变革的理论基础,寻求专业集群发展的客观动因和现实依据,再到如何根据产业集聚区内产业集群发展现状、特点开展专业建设,继而应建立什么样的专业集群发展目标、结构和体系,以及如何建设保障等方面进行了初步探索,以求丰富和拓展专业集群的概念内涵,助力构建产教融合的分层分类理论体系,促进职业教育产教融合不断纵深发展。

本书可供高职院校管理者和院校教师参考使用,更适合职业教育研究者和产业发展区域管理者阅读。

本书封面贴有清华大学出版社防伪标签,无标签者不得销售。
版权所有,侵权必究。举报: 010-62782989,beiqinquan@tup.tsinghua.edu.cn。

图书在版编目(CIP)数据

集群创生,专业"聚"变:职业教育专业集群建设理论与实践/魏明著. —北京:清华大学出版社,2024.2
(现代职业教育研究新视野丛书)
ISBN 978-7-302-65258-8

Ⅰ.①集… Ⅱ.①魏… Ⅲ.①职业教育—研究 Ⅳ.①G71

中国国家版本馆 CIP 数据核字(2024)第 011876 号

责任编辑:张 弛
封面设计:刘 键
责任校对:刘 静
责任印制:沈 露

出版发行:清华大学出版社
网　　址: https://www.tup.com.cn,https://www.wqxuetang.com
地　　址:北京清华大学学研大厦 A 座
邮　　编:100084
社 总 机: 010-83470000
邮　　购: 010-62786544
投稿与读者服务: 010-62776969, c-service@tup.tsinghua.edu.cn
质量反馈: 010-62772015, zhiliang@tup.tsinghua.edu.cn
课件下载: https://www.tup.com.cn, 010-83470410

印 装 者:三河市天利华印刷装订有限公司
经　　销:全国新华书店
开　　本:185mm×260mm
印　　张:9.25
字　　数:227 千字
版　　次:2024 年 2 月第 1 版
印　　次:2024 年 2 月第 1 次印刷
定　　价:59.00 元

产品编号:102490-01

前 言

新时代,党的二十大报告提出了教育、科技、人才一体的发展战略,强调推进职普融通、产教融合、科教融汇,优化职业教育类型定位、完善人才战略布局。其中,人才是第一资源,明确地把大国工匠和高技能人才作为人才强国战略的重要组成部分,迫切要求加强高技能人才队伍的培养和储备。建设技能型社会,职业教育任重道远。职业教育从最初的形式上的确立到建立现代职业教育体系,在支撑经济发展、推动社会多元协调、完善教育体系和促进交流合作等方面积极贡献,类型定位日趋明显,内涵意蕴逐步丰富,中国特色现代化的职业教育行稳致远。数字经济和智能化时代的到来意味着传统产业和低技能岗位的更替,职业教育需要转向更加系统性、专业化的技术技能教育。

作为类型教育,职业教育的专业不同于普通教育领域的专业属性,职业性是职业教育专业的根本特质。职业教育专业与职业的关系体现在职业教育专业的职业属性原则上,职业属性原则又进一步明确了职业教育专业的职业性内涵,指导着职业教育专业设置、专业人才培养和专业教学等工作的开展。专业的职业性决定了专业随社会职业的变化而不断创新,在专业管理和学校专业建设层面灵活变化;专业的理论研究也需要紧紧围绕专业的本质属性,深入分析新时期社会职业、产业发展的变化特点和规律。因此,职业教育专业建设的本质特点要求专业设置不断适应产业发展动向,传统的专业体系建设已难以满足新形势下产业转型升级对人才结构等变化的需要。

产教融合赋予职业教育异质特色,职业教育与地方经济社会息息相关、共生共存。集聚是人类社会发展的普遍现象,产业集聚广泛存在于社会发展的不同时期;且无论是发达国家还是发展中国家,其形成的动力机制既有来自政府部门的推动,也有自发形成的,已成为经济发展和区域增长的重要力量。由于产业的集聚产生的集聚效应,不仅使产业集聚区产生了对专业性人力资源的需求,而且引发了地区内人才的集聚,易于创造有利于人才交流的外部环境、促进专业性人才的成长,从而不断增强人才集聚的正向效应,形成产业集聚推动地区经济增长的内生力,还为专业人才培养营建了有效的融合空间。

党的二十大报告指出,中国式现代化是中国共产党领导的社会主义现代化,既有各国现代化的共同特征,更有基于自己国情的中国特色。我国产业集群的发展数量逐步增多,发展范围和空间逐渐从沿海走向内陆地区,产业集群的影响和规模日趋扩大。综合现状,我国产业集群发展存在行业性和地域性差异,以传统制造业集聚为主要特征。地区内产业集聚规模和产业链分工水平还比较低,集群内企业以中小微企业为主,技术创新不足。集群经济背景下,职业教育如何满足产业集群发展与技术进步对复合型技术技能人才的要求,进一步促进和推动产教融合深入发展，在不同层面上做好专业与产业的衔接，推动集群转型升级十分必要。

专业集群发展是集群化思想在专业建设中的应用，是建基于集群管理思维之上，以实现区域内专业集约发展、结构优化和方向明确为目标的专业建设机制。集群化发展在于集聚共享资源，形成发展的合力，而且通过集约式的经营管理，拓展职业教育的服务职能，进而发挥职业教育的协同效应。

从专业管理视角分析，解决专业与产业的衔接问题需要一种更高层级的专业管理思维和介质，专业集群发展理念旨在突破传统的仅从院校内部讨论专业建设的问题，摆脱区域内院校专业设置独立分散的局面，增强专业发展的凝聚力，实现专业组织形式的创新发展。

从区域层面看，专业集群发展通过优化生产要素进而提高区域内的发展能力，通过专业集聚和整合，建设地方化的专业集群体系和管理系统，实现空间配置效益的最大化，既可以更好地满足集群分工体系所带来的新特点，又可以借鉴职业群的发展经验，促进专业建设系统与职业体系更好地协同统一，有利于树立区域职业教育发展的专业品牌，提升影响力。

对院校而言，专业人才培养是专业集群建设的落脚点。明确集群面向的人才培养方向，改变专业设置中盲目或重复建设等问题，注重专业发展的普适性与产业集群多样化的人才需求特点相结合，在专业集群体系建设上拥有更多的专业自主权，形成区域内院校间整体集聚又各具特点的专业发展的新模式。

本书就专业集群建设的理论与实践展开讨论，遵循是什么、为什么、怎么办的问题探究式思维建立逻辑框架，从专业变革的历史实践探索出发，审思专业变革的理论基础，寻求专业集群发展的客观动因和现实依据，再到如何根据产业集聚区内产业集群发展的现状、特点开展专业建设，继而应建立什么样的专业集群发展目标、结构和体系，以及如何建设保障等方面进行了初步探索，以求丰富和拓展专业集群的概念和内涵，助力构建产教融合的分层分类理论体系，促进职业教育产教融合不断向纵深发展。感谢深圳职业技术学院学术著作出版资助。

相较于集群理念博大精深的理论思想，有关专业集群的讨论远远不够。囿于个人知识能力有限，所论难免粗浅疏漏，恳请同行前辈不吝赐教，以待修正。

著者
2023 年 10 月

目 录

导论　职业教育专业建设之困：专业与产业 ………………………………… 1

第一章　专业革命——中国特色职业教育专业建设的研究探索 ………… 3
　　第一节　职业教育专业建设工作的本土化寻真 …………………………… 3
　　第二节　职业教育专业建设研究的主题与内容 …………………………… 7
　　第三节　职业教育专业建设研究的理论立场 ……………………………… 12

第二章　集群面向——契合产业需求的职业教育专业组织形式创新 …… 16
　　第一节　集群经济驱动职业教育专业建设优化重组 ……………………… 16
　　第二节　产教融合引导职业教育专业建设规范有序 ……………………… 19
　　第三节　职教属性推进职业教育专业建设持续拓展 ……………………… 21
　　第四节　集群组织催生职业教育专业建设突破创新 ……………………… 24

第三章　理论审视——职业教育专业对接产业的内在机理 ……………… 27
　　第一节　职业教育的专业与职业 …………………………………………… 27
　　第二节　产业发展与职业变化 ……………………………………………… 33
　　第三节　分工、集聚与专业化 ……………………………………………… 43

第四章　集群演化——职业教育专业集群发展的客观需求 ……………… 47
　　第一节　产业集聚期的基础性职业需求 …………………………………… 47
　　第二节　产业集群演变中的根植性要素生成 ……………………………… 54
　　第三节　产业集群升级对地方化人才培养的需要 ………………………… 60

第五章　区域集聚——职业教育专业集群发展的产业基础 ……………… 65
　　第一节　我国产业集群发展现状与趋势 …………………………………… 65
　　第二节　我国产业链的地域分工情况 ……………………………………… 67
　　第三节　我国产业集群特征及其创新发展需求 …………………………… 79

第六章　专产协同——职业教育专业集群发展的建设定位 ……………… 81
　　第一节　职业教育专业集群的建设特点 …………………………………… 81

第二节　职业教育专业集群的建设依据 …………………………… 82
　　第三节　职业教育专业集群的建设原则 …………………………… 88
　　第四节　职业教育专业集群的职能拓展 …………………………… 91

第七章　集群构建——服务产业集群的专业集群建设策略 …………… 97
　　第一节　基于产业—职业分析的专业人才培养 …………………… 97
　　第二节　基于集群思想的专业结构优化 …………………………… 103
　　第三节　服务产业集群的专业集群体系构建 ……………………… 107

第八章　集群创生——职业教育专业集群发展的保障 ………………… 113
　　第一节　职业教育专业集群发展的政策保障 ……………………… 113
　　第二节　职业教育专业集群发展的保障要素 ……………………… 116
　　第三节　职业教育专业集群发展的保障内容 ……………………… 120
　　第四节　职业教育专业集群发展的保障机制 ……………………… 123

第九章　地方参照——A市专业集群建设案例分析 …………………… 127
　　第一节　A市汽车产业发展情况 …………………………………… 127
　　第二节　A市职业院校专业建设情况 ……………………………… 130
　　第三节　A市汽车类专业集群构建 ………………………………… 134
　　第四节　A市汽车类专业集群发展方向 …………………………… 137

第十章　职业教育专业建设未来展望 …………………………………… 139
　　第一节　职业教育专业集群发展的现实逻辑 ……………………… 139
　　第二节　职业教育专业建设研究的问题聚焦 ……………………… 140
　　第三节　职业教育专业建设研究的未来展望 ……………………… 141

导论

职业教育专业建设之困：专业与产业

专业一般是指"高等学校或中等专业学校根据社会专业分工的需要设立的学业类别。"[①]国际比较来看，不同国家对专业的理解和运用不尽相同。"中国、苏联等国高等教育培养学生的各个专门领域，大体相当于《国际教育标准分类》的课程计划或美国高等学校的主修。"[②]根据词典和相关文献来看，多把 major、academic program、specialization 或 concentration 作为中文"专业"的翻译。英文"major"近似于我们的"专业"，指一个系列、有一定逻辑关系的课程组织。"专业"不是实体组织，在美国，以"学习领域"(field of study)来表示学生所学专业。

产业与专业是分属于不同领域、学科的概念，虽然有各自的目标、理念、运行方式、服务对象，但人才供求成为两者互相联系的中间环节。在当今我国的现实社会中，产业结构对于人才的需求和影响，教育专业设置对于产业结构的推动与抑制，已经成为实践的问题。如果产业结构的调整、产业集群的发展不顾地区内人才的状况，很显然，缺乏人力资源支持的产业是难以持续发展的；而人才的状况很大程度上取决于相关学校的专业建设和学生培养。职业院校与普通高等院校学生就业方面可能存在较明显的差异是，职业院校的毕业生主要面向本地劳动力市场，以服务当地经济发展为主。如果学校的人才培养目标和规格不以产业结构发展与优化为出路，很难保证教育的效益和学生就业。即地区内学校人才培养的层次、规模、类型、结构和质量等因素与产业的发展息息相关，某些产业、行业尤其如此。因此，如何保证职业教育专业与产业之间的平衡和相互促进，成为一个重要的研究课题。

对于专业与产业之间的关系，尽管许多学者的研究都有所涉及并普遍认为，产业与专业存在相互影响的作用机制，产业调整要求专业设置发生相应的变化；反过来，专业设置对产业发展具有一定的反作用。而对于产业变化如何影响专业，通过何种途径或方式影响专业并没有得到清楚的示意。因此，上述此类判断通常都是源于宏观上的教育与经济的关系、教育结构与经济结构的关系的理论推论，或者是对历史的归纳性总结。在产业集群经济发展的背景下，产业集群的形成给地区经济社会带来巨大影响，地区产业结构、产业集群组成、集群内劳动分工、人员需求等进一步发生变化，产业集群的相关研究使得有关产业的发展演变规律逐渐得以清晰，有助于我们进一步研究产业集聚区教育的发展和专业建设的人才培养问题。即从产业集群的形成、发展、演变过程中分析不同阶段产业集群的需求、特点，从产

---

① 辞海编辑委员会.辞海(上册)[M].上海：上海辞书出版社，2000：80.
② 顾明远.教育大辞典(第三卷)[Z].上海：上海教育出版社，1991：26.

集群促进分工深化的角度分析产业集聚区产业分工现状、特点,明确专业人才培养的定位。为此,就提高专业服务地区产业的能力问题的探索中,如何根据产业集聚区的特点、需求建设职业教育专业体系,成为迫切需要研究的重要问题,即从区域层面探讨职业教育专业建设与产业集群的协调发展问题。

其实,专业与产业的协同发展在于教育部门和学校难以把握产业变化的规律,及时准确地掌握产业发展对人才的真正需求。长期以来,由于缺少二者间相互沟通连接的关键环节,专业与产业对接的联系点在哪儿等具体问题模糊不清,导致政府部门对专业的管理调整和院校自身的专业建设等工作缺乏依据。职业分析是职业教育专业划分的主要方法,职业是影响专业建设的重要因素。职业的变化与社会经济发展、产业的调整同样关系密切,不同类型的产业结构需要不同的职业人才,缺少地区支柱性产业发展必要的职业类人才将成为影响或阻碍地方经济发展和转型的重要方面。因此,职业联系是沟通专业与产业连接的中间机制,职业研究成为衔接产业发展与专业建设的根本切入点。从产业集群分析入手,地区内何种产业比较集中?形成了什么样的集群经济?支撑产业集群发展所需要的关键职业有哪些?此类职业人才的集中度如何,是否可以满足产业发展的需求?产业发展的职业类人才缺口是什么?如何根据产业集群的人才需求建立适合地区发展的专业建设与管理机制?总之,探索职业教育专业建设与地区产业发展的关系,为专业设置与调整寻找依据,为地区专业管理工作建立平台,需要从区域整体发展层面统筹考虑,支撑职业院校专业设置与调整,影响到职业院校和地方经济的可持续发展,亟待深入思考和研究。

第一章

专业革命——中国特色职业教育专业建设的研究探索

中华人民共和国成立以前,我国的高等教育和中等职业教育是不设专业的,中华人民共和国成立后中等职业教育中的中专学校是学习苏联的结果,技工学校则长期不按专业设置,只按工种进行设置[①]。清末实业教育依据1904年癸卯学制制定的实业学堂章程举办了各类农、工、商等类型学堂,培养社会所需的各行业专业人才。民国期间,由中华职教社推动国民政府设立中等职业学校和高等专门学校。中华人民共和国成立七十余年来,我国职业教育专业建设以培养满足社会生产发展需要的技术技能型人才为目标,经历了移植探索、规范调整、丰富提高和创新发展的内涵式上升过程。伴随专业建设实践,相关研究同步并行,阶段化特点明显,尤其是新世纪以来,研究视域和内容不断扩展。主要围绕职业教育专业的属性特征、设置依据与原则、专业结构调整、专业体系与职业体系协调发展、专业认证与评估等方面进行探讨,成果日臻丰富。

第一节 职业教育专业建设工作的本土化寻真

一、移植探索(1949—1980年)

中华人民共和国成立初期,我国职业教育以中专和技校为主要形式,当时以技工教育为主的职业教育并不发达。1949年9月,中国人民政治协商会议第一届全体会议通过了《中国人民政治协商会议共同纲领》,要求"有计划有步骤地实行普及教育,加强中学教育和高等教育,注重技术教育"。由于国家各项建设生产发展对人才的需要,1952年7月,《中等技术学校暂行实施办法》提出中等技术学校分为工业、交通、农业和林业等类,专设一科或兼设数科,并附设各种技工学校、艺徒学校和短期技术培训班。实际上大量的技术工人只能由企业承担培训工作,其中学徒制培训是技工教育的主要形式,学校的专业教育尚显不足。在为数不多的文献中,有研究指出,由于学徒制培训期限较短,且缺乏全面的专业操作训练,尤其缺少学校教育的文化和技术理论知识学习,进一步壮大学校专业技工教育尤为重要。[②] 为此,

---

[①] 刘春生,徐长发.职业教育学[M].北京:教育科学出版社,2002:113.
[②] 袁耀华.新技工培训事业光辉的十年[J].劳动,1959(19):22-26.

发展专业的职业教育,学校专业(工种)设置的数量、规模,开展专业教学改革,提高专业教学质量等是当时关注的问题。比如,有人认为,专业学习是学校教育与工厂学徒制的最主要区别,但也存在学校的专业教学工作片面追求训练,忽视基础知识和基本技能的培养等问题。[①] 1963年,在"调整、巩固、充实、提高"的方针下,国务院批转教育部《关于中等专业学校专业的设置和调整问题的规定》,针对专业设置或分散或重复、专业名称不统一、各类专业配套不够齐全等问题,要以《中等专业学校专业目录》(1963年)为准。不仅如此,专业(工种)设置必须根据需要适当确定,并且要加强学校的专业教学管理工作,以规范专业教材和制度文件的编写和制定。[②] 一系列规章制度的出台,对稳固中华人民共和国成立初期的职业教育发展、提高教育质量起到了一定的作用。然而,在随后的"文化大革命"中,大批中等专业学校被裁并,技术工人学校被改为工厂,不少地区和部门的中等专业学校几乎全部停办,职业学校陷入停滞状态。

高等职业教育方面,中华人民共和国成立后我国尚无独立设置的高等职业学校,只是初步出台了部分准备和调整措施。1950年8月,中华人民共和国第一部专科教育法规《专科学校暂行规程》颁布,明确了专科学校的办学宗旨。1952年,国家开始改变原高校只设院系不设专业的结构,开始按专业培养人才。1953年,高等教育事业计划提出了培养工矿、交通等技术人才的需要,随后开始为有关学校制定统一的教学大纲和课程标准,并组织部分同类专业的学校负责编订专业教材。1954年11月,中华人民共和国第一个《高等学校专业目录分类设置(草案)》出台,该草案以当时的"行业部门"作为专业划分的依据,共设40个专业类、257个专业[③]。在中华人民共和国成立初期开展的大规模院系和专业设置的调整中,我国建立和发展了一批高等工业学校,以培养应用型人才为办学目标,其专业建设和人才培养具有明显的职业定向性,相当于目前的高职教育。这些高等专科学校属于普通高等教育体系,在专业设置上,也是按照普通高等学校的模式设置的。[④] 总体趋势上,有研究指出,我国高校的专业设置从新中国成立前的"无计划、大口径型"到新中国成立初期的"有计划、窄口径型"再向"有计划、宽口径型"过渡。[⑤]

二、规范调整(1980—1999年)

20世纪80年代,随着改革开放大幕的拉开,经济社会在发生巨大变化的同时,各种教育改革也不断呈现出新的面貌。1980年开始,教育部、国家劳动总局联合颁发《关于中等教育结构改革的报告》,中等教育结构改革工作逐步在各地展开。伴随着专业调整实践工作的开展,我国出现了部分有关专业建设的研究文献,围绕职业教育的专业设置特点、设置依据和基础、农村职业教育发展等专题进行探讨。1986年,全国建有农业中学和职业中学8187所,在校生256万人,开设专业450余种[⑥]。为此,部分研究开始专门探讨农村职业教

---

① 廉洁.对技工学校教学工作的几点看法[J].劳动,1962(16):10-13.
② 运用丰富经验改进技工学校工作[J].劳动,1963(2):1-4.
③ 郭雷振.我国高校本科专业目录修订的演变——兼论目录对高校专业设置数量的调节[J].现代教育科学,2013(3):44-49,54.
④ 中华人民共和国教育部高等教育司,全国高职高专校长联席会.育才通道——高等职业教育专业建设[M].北京:高等教育出版社,2005:2.
⑤ 邱雁.三十年来我国高等学校专业设置的变化发展(上)[J].辽宁高等教育研究,1983(5):151-161.
⑥ 毛礼锐,沈灌群.中国教育通史[M].济南:山东教育出版社,1989:415.

育的专业设置问题①。经过调整,各地创办的学校中,专业(工种)设置因地制宜,专业设置的针对性、应用性和适应性等地方化特点得到了较为明显的体现②。1992年1月,国家教委发布《关于修订普通中等专业学校专业目录的通知》,要求对1963年的《中等专业学校专业目录》进行修订。1993年,国家教委颁布了《普通中等专业学校专业目录》并制定了专业设置管理办法;同时,劳动部也开始修订技工学校专业目录,并于1995年颁布《技工学校专业(工种)目录》。此次修订以职业分析方法为理论基础,以职业群、岗位群来划分专业,体现了职业教育专业的特点。同期,研究成果逐步增多,为了检验改革成效,部分研究开始关注专业建设中的实际问题。其中,朱兴德通过对我国140所重点职业高中专业设置情况进行调查研究,在肯定成绩的同时,也发现重点职业高中的专业命名存在不规范现象,有很大的随意性。为此,建议开展专业规范化建设③。沈百福、董泽芳的系列调研文章《84所农村职业中学综合状况的调查与思考》《国民的职业教育专业选择意向分析》,就农村职业中学专业设置状况、学生对报考职业学校的专业的选择意向等进行了调查研究,就专业建设中存在的问题进行了深入反思,丰富了相关研究成果。

高等职业教育方面,改革开放后,为满足国家恢复发展对各类技术人才的需求,要求适度扩大高等职业教育的办学规模。同时教育界也开始对以往的办学实践进行反思,旨在改革传统型高等教育的办学模式,扩大高等教育受众,密切结合地方需求设置专业的职业性新型高等教育④。1980年,教育部批准成立了13所短期职业大学,标志着我国高等职业教育的诞生。据统计到1985年,全国短期职业大学达到了118所⑤。此后,1990年国家教委制定《普通高等学校工科专科专业目录》,提出专业设置可以结合社会需求进行创新,允许开设目录外的专业或专业方向,部分院校开始根据地方的职业岗位需求来设置专业。20世纪90年代,我国开始举办与现代指称相近的高职院校,逐步走上了探索中国特色高职教育的办学之路。例如,我国较早举办高职教育的深圳职业技术学院建校后,在专业设置上"以市场需求为导向、以职业岗位(群)为依据、以技术含量为参数"的建设理念,可以作为反映我国高等职业教育专业建设特色化发展的典型代表。经过一定时期的研究与实践,理论界总结了专业建设的一些规律性特点,如专业设置应长短结合、稳定性与灵活多样性相统一、专业口径要"宽窄并举,相对稳定"等原则⑥。

三、丰富提高(1999—2010年)

1999年,第三次全国教育工作会议强调"要大力发展职业教育",之后职业教育发展迅猛,办学规模迅速扩大,专业建设与管理工作日益显现出其重要的地位。21世纪初期,国家经济发展方式的转变和产业结构转型发展加速,引起社会职业结构和岗位的快速变化。首先,中等职业教育方面,为切实发挥专业目录的指导性作用,再次组织力量修订中职教育专业目录。2000年,教育部制定并颁发了统一的《中等职业学校专业目录》和《中等职业学校

---

① 董操.试论农村职业教育的专业设置[J].职业教育研究,1983(2):23-24,48.
② 张薇之.谈职业技术学校的专业设置[J].教育与职业,1986(4):24-26.
③ 朱兴德.重点职业高中与我国职业教育的发展[M].上海:上海外语教育出版社,2001:56.
④ 王汝之,王泓,李守信.一条发展高等教育的新路子[J].计划经济研究,1982(19):20-23.
⑤ 陈英杰.中国高等职业教育发展史研究[M].郑州:中州古籍出版社,2007:48-55.
⑥ 毛涤生.高等职业技术教育理论研究中的部分观点[J].教育与职业,1990(9):12-13.

专业设置管理的原则意见》,规范中职学校专业设置混乱的状况。随后,2010年修订的专业目录以国民经济行业分类、职业分类和产业划分规定为依据,并在内容体系上做了重大调整,有力地促进了专业建设工作的发展。其次,高等职业教育由外延发展转向更加重视内涵建设。2000年教育部在全国高职高专进行专业教学改革试点工作,开展示范专业建设。2002年,教育部批准了第一批国家高职高专精品专业建设项目。2004年年底,教育部制定和颁布了《普通高等学校高职高专教育专业设置管理办法(试行)》和《普通高等学校高职高专教育指导性专业目录(试行)》等文件,促进高等职业院校的专业建设工作更加规范。2006年,教育部、财政部发布《关于实施国家示范性高等职业院校建设计划 加快高等职业教育改革与发展的意见》,提出实施以重点专业为龙头、相关专业为支撑的专业群建设的发展思路,并开展专业教学资源库建设计划,提高专业建设的质量。

这一时期,研究成果数量迅速增加,研究的领域大大扩展,研究的主题和内容也更加广泛。其中既有探讨专业设置基础与原则等内容的理论分析,又有区域性的专业建设调查研究;既有专业建设研究与实践的本土化探索,又有国外经验的比较与借鉴。从已有研究成果的搜索分析看,较多关注职业院校专业设置的现状与问题、专业建设规划、专业建设的内容与方法、专业结构与产业结构适应性问题、专业群建设、专业群课程、专业教学资源库建设等方面的研究。在新兴主题专业群的研究方面,随着职业教育办学规模的不断扩大,研究者提出集约型的发展路径,优化调整专业结构,认为专业群的建设可以提升职业院校的核心竞争力,并就专业群的内涵、特点、专业群的功能和建设路径等作出探索。

四、特色发展(2010年至今)

2010年以后,在保障中等职业教育稳固发展的同时,我国对职业教育研究与实践的关注更多集中在高职教育领域,开创了专业建设的新局面。2011年,《教育部、财政部关于支持高等职业学校提升专业服务产业发展能力的通知》(已失效),突出强调要把专业建设作为职业院校的核心内容,全面提升专业服务产业发展的能力。2012年公布了首批410个高职专业教学标准;2014年、2015年分两批制定并公布了230个中职专业教学标准,大规模规范了中高职专业教学工作的基本要求。2015年,《高等职业教育创新发展行动计划(2015—2018年)》明确继续深化高等职业教育人才培养模式改革、全面提升专业建设水平和人才培养质量;同年,教育部印发《普通高等学校高等职业教育(专科)专业设置管理办法》和《普通高等学校高等职业教育(专科)专业目录(2015年)》,要求建立健全高职专业设置的预警和动态调整机制等。2017年,《国务院办公厅关于深化产教融合的若干意见》要求建立紧密对接产业链、创新链的学科专业体系。2019年,《国家职业教育改革实施方案》提出建设中国特色高水平专业建设的计划,将专业建设的工作推上新台阶。经过新一轮的创新发展,我国职业教育专业的内涵建设得到了不断的丰富和深化。

同期,研究人员在持续进行专业群建设研究的基础上,就中高职专业衔接、专业服务产业能力、专业设置与区域经济协调发展、专业设置预警机制与动态调整机制、专业内涵发展的指标体系、专业核心课程和实训基地建设、专业建设标准和专业教学标准、专业质量评价、专业建设的评价模式等主题展开研究。相较于21世纪初期的研究,研究的关键词汇并没有发生显著性的变化,表明专业研究的热点难点问题逐步得到研究者的集中关注并趋于稳定。

回顾已有研究文献,职业教育专业建设研究在不同时期由于职业教育存在形式和发展层次等方面的不同,体现出阶段性变化的研究特点。职业教育专业建设的研究起步于20世纪50年代,伴随着中华人民共和国职业教育事业的实践调整经历了初步零星的探索。这些研究探索于20世纪80年代。研究人员开始注重系统地反思,总结以往教育发展中的得失经验,并就新形势下教育改革的思路与方向建言献策。这些研究发展于20世纪90年代。包括开始学习介绍国外专业建设的经验、拓宽研究视野、结合实际调研进行代表性案例剖析。这些研究兴盛于21世纪初期。研究队伍、研究主题、研究论点、视角方法等不断丰富拓展,呈现百家争鸣的研究发展态势。这些研究深化于21世纪第二个十年间。在经历了前一阶段的研究繁荣之后,在初步占有大量研究资料的基础上,更加强调研究过程的规范性、提高研究结果的科学性和说服力。尤其是党的十八大以后,随着中央政府的高度重视、国家顶层设计的科学布局、产教融合工作的不断深入、中国特色职业教育的稳步探索,专业建设研究在借鉴、审视与反思的基础上更加注重结合我国现实,走向寻求本真的特色发展之路。

第二节 职业教育专业建设研究的主题与内容

在中国知网数据库中,以"职业教育专业"为主题词进行搜索,共搜索到文献12 901条,但发现较早的几篇文献并非本文所指的有关职业教育专业方面的研究,在中华人民共和国成立后到改革开放前这一期间也少有相关研究文献,直到20世纪80年代后才陆续出现,真正研究数量较多的文献发生在2000年以来,并呈明显的年度增长趋势(图1-1)。另外,同样分别以"职业教育专业建设""职业教育专业设置""职业教育专业结构"为主题词搜索,相应搜索的文献为2918条、2846条和1530条,且研究文献均出现于改革开放以后。究其原因,从称谓上来说,中华人民共和国成立初期我国职业教育以中专和技工教育等形式为主,并未命名为"职业教育";20世纪80年代,开始恢复进行中等职业教育的结构调整工作。高等职业教育方面,中华人民共和国成立初始主要指向了部分高等工业院校,改革开放后各地又曾陆续出现了举办短期职业大学等形式的探索,20世纪90年代才开始举办现行指称上的高职教育。因此,又分别以中专、技校等相关词汇进行文献搜索,却发现在中华人民共和国成立后至改革开放初这一时期,也鲜有关于不同主体和形式举办的职业教育机构进行专业建设研究的专门成果。

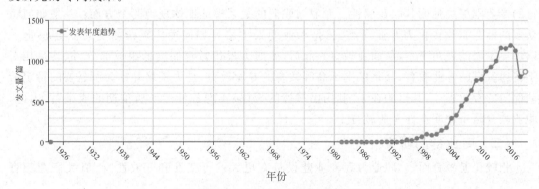

图1-1 "职业教育专业"研究文献检索情况的变化趋势

再以"职业教育专业建设"为主题词进行搜索,对搜索结果的文献进行关键词共现网络可视化分析(图1-2),图中每个圆形节点代表一个主题词,节点的大小表示该主题词出现的频次,连接线的粗细表示两个节点之间共现的频次。分析结果显示:首先,专业建设研究明显较多集中在高等职业教育层次,指向中等职业教育和中等职业学校的研究占少数;其次,研究主题多与人才培养模式、专业设置、专业结构、区域经济、产业结构、校企合作等核心词汇密切相关;最后,研究内容与思路多从现状与问题的分析出发,进而提出解决问题的对策和发展建议。以下就"职业教育专业建设"研究文献作主题式分类和论点式摘编,力求客观呈现已有研究成果的主要内容和进展。

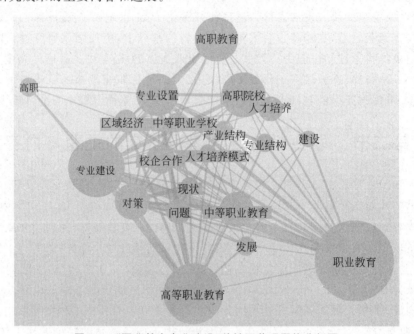

图1-2 "职业教育专业建设"关键词共现网络分析图

一、职业教育专业的属性特征与专业群研究

(一)专业的属性特征

一般认为,普通高等教育中的专业侧重于从学科分类的角度进行划分与设置,而职业教育的专业则更加强调其职业属性。专业与职业的关系辩证地体现为两个方面:一是如何将众多的社会职业转化为专业门类,二是专业的人才培养如何适应复杂多变的社会职业。[①]以历史发展的视角考察,从职业教育兴起后,就成为近代教育制度的组成部分,但其是相对于普通教育的专业教育,又是区别于高等教育的专业教育,是为了培养社会所需要的特定劳动部门的专业人才,其目的在于"利用已掌握的规律,实现各种劳动所预期的成果"。因此,职业教育是一种职业性专业教育。[②]

(二)专业群的研究

相较普通教育而言,职业教育专业建设具有更大的可变性和开放性。[③] 有关职业教育

---

① 徐健.专业设置和专业定向:职业教育专业建设的两个基本环节[J].职教通讯,2002(11):27-28,33.
② 魏明,周琪.论职业教育专业问题研究的理论立场及其建设转向[J].中国职业技术教育,2015(23):5-12.
③ 李建求.论高职院校的专业建设[J].高等教育研究,2003(4):75-79.

专业建设的创新发展、促进专业建设的价值创新是实现专业差异化发展战略的有效路径。①随着专业(集)群概念的出现和政策推动,有研究分析指出,专业(集)群代表了一种新型的专业资源重组和专业组织形式的创新发展,②但相关的研究与实践还有待深入。朱厚望通过回顾分析认为,目前我国真正意义上的专业资源集聚体尚未形成,缺乏专业群管理机制和专业群评价体系,从而造成专业群的内涵建设不足、建设成效不明显等问题。③为此,专业群的建设要跳出"产业—专业—就业"的单向线性逻辑,应通过构建高职院校内外部双联动机制建设专业群来满足社会对人才的复杂性需求。④

二、职业教育专业设置与结构调整研究

已有研究主要从职业教育与地方经济发展的关系视角出发,分区域或市县研究专业设置与经济发展和产业结构的对应关系,分析专业设置的数量和覆盖面、专业的冷热和重复设置等现象。综合来看,通过对我国地方职业院校专业设置情况的分析比较,一般认为存在的问题有:专业重复建设、同质化明显;专业数量庞杂,难以形成规模化效应;专业特色和重点专业建设成效不明显;缺乏有效的专业调整机制等。

对此,研究人员从不同的方面提出了研究建议,如专业建设的原则上应立足市场、服务地方、科学规划和坚持特色性、集群性、可行性、前瞻性、效益性等。⑤专业设置与调整上要建立起区域动态的体系框架,明确各方参与主体的职责,并加强一手数据收集分析,以此切实把控专业设置与运行的真实情况。⑥专业与产业的对接方面,应密切结合地方产业结构特点或产业集群现状,适度超前产业集群发展阶段,统筹安排好区域内专业的层次结构和专业衔接问题。⑦体制机制改革方面,有的建议从机制建设的问题分析入手,认为应围绕专业设置机制和管理机制进行改革,以加强职业院校自身的专业建设;⑧另有从财政政策改革视角,建议引入专业分类发展制度,通过建立适当的专业分类标准和指标,将学校的专业分为相应的类别,从而建立根据不同类别的专业给予差异化的投入制度和机制,达到引导和促进学校及地方进行专业优化的目标。⑨

三、职业与专业的协调发展研究

(一)职业与专业的关联

尽管教育中专业大类不是按照"教育水平"标准分类的,而是根据"专门化"或"学科"标准,但从1923年起,国际劳工组织(ILO)建立的《国际标准职业分类》(ISCO)对职业按照技能水平的分类与国际教育标准分类(ISCED)有关教育层次的分类相对应。可见,职业体系

---

① 付雪凌.价值创新:高职院校专业差异化建设的理念与路径[J].职教通讯,2011(1):31-34.
② 魏明.集群思想下区域职业教育专业建设逻辑[J].教育与职业,2014(18):11-13.
③ 朱厚望,龚添妙.我国高职院校一流专业群建设的发展轨迹与推进策略[J].教育与职业,2018(21):47-51.
④ 张栋科.高职院校专业群建设的行动逻辑反思与重构——基于功能结构主义的视角[J].教育发展研究,2019,39(1):17-24.
⑤ 方光罗.高职院校专业设置的原则探析[J].中国高教研究,2008(5):81-82.
⑥ 章永刚.区域高职院校专业设置与动态调整机制的构架与运行策略[J].中国职业技术教育,2015(35):37-40,62.
⑦ 孙峰.专业群与产业集群协同视角下的高职院校专业群设置研究[J].高等教育研究,2014,35(7):46-50.
⑧ 丁金昌,童卫军.高职院校专业设置及管理机制改革的对策研究[J].中国高教研究,2010(10):73-75.
⑨ 查吉德,赵锋,林韶春,等.职业院校专业动态调整机制研究[J].中国职业技术教育,2017(29):5-9.

和教育体系之间存在着某种关联,是相互依存的两个体系。职业体系分为职业标准体系、职业分类体系和职业资格证书体系。职业教育的专业体系则包括专业设置、专业培养目标、专业课程、专业教学、专业认证与评价等。职业体系与专业体系之间的关联体现在以下几个方面:职业能力要求与专业培养目标、职业标准与专业课程内容、职业工作过程与专业教学过程、职业资格证书与专业学历教育证书、职业生涯发展与专业继续教育等。① 职业体系与专业体系的关系密切,职业体系的发展现状是职业教育专业体系建设的基础,专业体系应紧跟职业体系的发展变化;同时,专业体系本身的优化调整又会反作用于职业体系,需要相应的职业体系的更新匹配。随着产业升级和高新技术的发展,社会职业变化加快,职业能力要求不断呈现新的综合化发展趋势,职业教育专业体系建设研究是一项常新的课题。

(二)职业群与专业群的衔接

研究显示,美国生涯技术教育的发展历史表明,对职业群(career clusters)的关注,是为了顺应和满足经济发展及就业需求,实施以职业群分类和职业途径为依据构建有序的课程体系②,更加强调普职教育课程之间的沟通③,其目标在于在宽泛的课程集群内创建课程框架,为学生在某一职业领域内从高中向高中后教育和工作的成功过渡做准备④,有助于实现中等教育与中等后教育有效的衔接。⑤ 有研究者提出参照美国职业群的发展模式来设置我国高职教育的专业群,实现职业群中的职业与专业相对应、职业岗位与专业发展方向相对应,从而形成职业群与专业群协调发展的链式结构,并提出建立阶梯递进型的专业群课程体系的构想。⑥ 另有研究则认为职业群和职业链的形成以及职业带的区域划分决定了专业群的构建,为此提出应按照职业联系、职业链的节点关系、社会职业分工及其内部联系、职业带上的交叉区域等构建专业群。⑦

四、职业教育专业与产业互动发展研究

(一)产学合作与区域经济发展

加强职业院校与区域经济互动的关键是专业建设与产业发展同步,加强合作针对性。开展针对区域产业人才需求的预测及其变化趋势的分析研判,主动寻求并提供多种技术服务,建立稳固的合作关系,实施灵活多样的合作培养模式等是促进产教融合互动的基础型策略。此类研究主题方面,已有研究曾就官产学合作的环境营造问题、学校的定位问题以及构筑产学研联系基架等问题做了分析探讨。在产学合作与区域经济发展的关系上,徐盈之运用多元 Moran'I 指数对官产学合作创新活动的空间相关性进行了分析。研究结果表明:官产学合作在促进经济增长方面作用显著,而且会形成对邻近地区的空间溢出效应。⑧ 在职

---

① 谢莉花.职业教育视野下职业体系与专业体系的关联分析[J].职教论坛,2015(22):10-15.
② 陈晶晶.面向就业的美国职业群课程模式探析[J].职业技术教育,2006(31):78-81.
③ 王文槿,闫红.生涯技术教育下的美国中等职业群课程[J].中国职业技术教育,2010(25):71-75.
④ Howard R D Gordon. The History and growth of Career and Technical Education in America[M]. Long Grove, Illinois: Waveland Press, 2014:398.
⑤ 李敏.美国高中基于职业群的生涯与技术教育课程设置[J].外国教育研究,2013(12):76-83.
⑥ 张国祥.美国职业群模式及高职教育专业群设置[J].当代职业教育,2012(11):90-92.
⑦ 章建新.职业联系视角下高职专业群建设的效应分析与提升对策[J].职教论坛,2016(12):5-9.
⑧ 徐盈之,金乃丽.高校官产学合作创新对区域经济增长影响的研究[J].科研管理,2010(1):147-152.

业教育专业与地区产业适应性问题的研究中,提出明确具体的计算标准的并不多见。一般而言,衡量专业设置与产业结构适应情况多是通过三次产业结构比例和对应的专业设置比例来计算。

(二)产业集聚区专业产业互动

产业集聚现象在工业发达国家表现更明显,集聚为生产资源和信息的分配、流通和使用提供便利,形成规模效应。产业集聚使得各生产部门产生了对相似或同一生产链条各岗位合格人才的集中性或关联性需求。发达国家通过加强法制建设、政府调控、优化政策机制、成立专门机构等措施密切职业教育与行业企业的联系,设置社会市场需要的专业。[①] 国内一些产业经济发达地区基于集群化发展的理念不断探索创新人才培养模式,包括推动开展职教园区建设、实施职业教育集团化办学、成立职业教育联盟等,以此来推动专业人才培养与产业的互动联系。部分高职院校通过整合专业资源,建设与区域支柱产业发展相适应的特色专业学院,[②]进一步优化专业结构,密切专业与产业的联系,提高专业服务产业的能力。

五、专业认证与评估制度体系建设研究

(一)专业认证

专业认证研究在专业建设研究中受关注度较低。从实践工作来看,20 世纪 80 年代,自我国申请加入世界关贸总协定以来,尤其是国际标准化组织实施的质量管理体系认证对我国各行各业产生了广泛影响,职业院校的质量认证和专业认证工作作为新型改革探索也参与其中,但由于种种原因影响,职业院校的办学水平和专业建设工作并未得到明显普遍的改善与提升。近年来,我国部分高职院校开始学习研究《悉尼协议》中确立的专业认证体系。《悉尼协议》注重的是以学习结果为专业认证标准,促进职业院校推行以学习者为中心的教学改革和专业建设。目前就现状而言,我国职业教育在专业认证工作方面仍未采取有效的措施,缺乏适用的专业认证体系。而且,有研究分析认为,国际有关质量认证体系和标准并不完全适合我国职业院校的发展实际,在科学合理构建我国专业建设认证指标的基础上,扎根行业实践实施认证过程,方能收到应有的效果。[③]

(二)专业评估

开展职业教育专业建设评估的目的在于提高专业建设的社会效益和教育效益,研究认为我国专业评估工作尚处于起步阶段,存在评估程序缺乏规范性、评估结果不够权威、制度上缺乏整体设计、实施过程缺少配套措施,导致难以应用等问题。[④] 同样,专业评估的研究也处于发展阶段,研究内容还停留在方法移植借鉴、概念分析和问题梳理等方面。其中,专业设置的质量评估包括对专业设置结果的评估,也包括对专业教学运行过程的评估;专业设置的评估应由外部相关机构和职教机构共同实施,评估要素包括专业人才的社会需求、数

---

① 王琴.发达国家推进职业教育与经济社会协调发展策略研究[J].全球教育展望,2011(1):79-83.
② 占挺,阚雅玲,黄雪薇.产业集群视角下高等职业教育特色专业学院建设策略[J].齐齐哈尔大学学报(哲学社会科学版),2018(7):168-170,173.
③ 张景春.中国职业教育专业认证体系的建构维度[J].中国职业技术教育,2018(30):57-63.
④ 王中.梳理与借鉴:审视我国职业教育专业评估制度[J].职教通讯,2014(4):1-4.

量、学生就业情况、专业的社会认可度以及专业自身的建设条件、师资队伍、课程资源和教学管理水平等方面。沈军、朱德全提出专业评估的目标是改进提高专业建设的质量,应围绕专业布局、专业建设过程和专业建设效果进行衡量,评估标准要体现人本、公正与发展,评估方法应科学、全息与多元。①

第三节 职业教育专业建设研究的理论立场

一、职业教育是一种职业性专业教育

英文文献中,专业"大体上相当于《国际教育标准分类》的课程计划或美国高等学校的主修"。② 主修(major)这个词首次出现在 1877—1878 年 Johns Hopkins University 的招生目录上,主修出现的原因是当时产业革命的发展对接受过专业领域训练的专家的需要。③ 主修或专修(major or concentration)是指由某些专门领域中的一定数量的课(courses)组成,它试图为学生提供成体系的知识学习(a body of knowledge)或者研究的方法以及适合一门主科或者主科领域(a subject or subject area)的实践。④ 因而从某种意义上说,专业是课程的一种组织形式,课程内容主要是来自相关的学科。专业也是学科的综合,须以学科的分类和发展为基础,才能制订出科学合理的课程计划,因此学科对专业有着重要影响。⑤

对于职业教育来说,专业的内涵与普通教育中专业的内涵有着本质上的区别。"专业系根据社会职业岗位对人才素质的需求和学校教育规律与可能所设置的培养人才的学业门类。""专业有按学科体系分类为原则设立的,如普通高等学校的专业。有按职业所需的各项专门能力为原则设立的,如职业学校教育的专业。"⑥因此一般认为,普通高等教育中的专业更侧重于学科分类的学术性,而职业教育的专业强调职业性。

从个体选择专业进行知识学习的角度,专业学习的三种可能性目的包括准备性专业(preparatory specialization)、非准备性专业(non-preparatory specialization)与职业性专业(occupational specialization)。准备性专业是职业前教育,是为了进入医学院、法学院等研究院;非准备性专业是只为学习和研究本身而进行的学习,而不是为职业(career)做准备的;职业性专业则是直接与诸如教育、商业或者工程等职业相连的专业。⑦ 因此,职业教育是一种职业性专业的教育,"无论哪一级职业技术学校的专业,其特点都是为社会各行各业培养直接从事生产实践活动或服务活动"⑧的劳动者。

---

① 沈军,朱德全.高等职业院校专业建设评估的实践性尺度[J].河北师范大学学报(教育科学版),2018,20(1):68-72.
② 顾明远.教育大辞典(第三卷)[Z].上海:上海教育出版社,1991:26.
③ Payton P W.Origins of the terms 'major' and 'minor' in American higher education[J].History of education Quarterly,1961,1(2):57-63.
④ Levine.Handbook on undergraduate curriculum[M].San Francisco:Jossey-Bass,1978:28-30.
⑤ 朱新生.中等职业学校专业设置研究[M].苏州:苏州大学出版社,2001:69-71.
⑥ 国家教委职业技术教育中心研究所.职业技术教育原理[M].北京:经济科学出版社,1998:107.
⑦ Cowley W H.An appraisal of American higher education[D].Stanford,Calif.:Stanford University,1956.
⑧ 张家祥,钱景舫.职业技术教育学[M].上海:华东师范大学出版社,2005:5.

二、专业的职业性与专业建设的市场性

职业教育是针对"以职业形式存在的工作活动"的教育,"职业"是职业教育的重要逻辑起点,也是职业院校进行专业设置的基础。① 从现代职业教育的起源看,任何种类的劳动和培训,一般都是以职业的形式进行的。职业的内涵既规范了职业劳动的维度,又规范了职业教育(专业、课程和考核)的标准。为此,职业教育的专业就更多地具有了职业的属性,职业性成为职业教育专业的基本特征。有研究具体分析认为,职业教育专业与职业间的密切关系主要体现在以下几个方面:一是专业划分的基础是一组相关职业在职业能力方面的一致;二是专业培养目标的制定依据是一组相关职业在职业功能与职业资格方面一致;三是专业教学过程的实施与相关职业劳动过程、工作环境和活动空间一致;四是专业的社会认同、学生对专业的选择,与其对相关职业的社会地位和价值判断的结果一致。② 职业性原则是对专业职业属性的高度概括,职业属性是职业教育专业的本质核心。但是,职业教育的专业又并不等同于社会职业,它与社会职业之间也不是一一对应的关系。③

专业的职业性属性拓展了职业教育专业的外部联系,使得职业教育的专业建设需要更多地考虑社会市场变化的需求。相较而言,"高职教育专业具有更大的可变性和开放性,更容易受到市场变化的影响"④。这主要是由于高职教育技术服务所面向的区域、行业与专业的特定指向,使得高职教育专业建设更多地具有了社会与市场的性质。所谓高职专业建设的市场性,"指高职教育专业建设受到市场规律、市场机制、市场原则影响和制约的特性"⑤。市场性是高职教育专业建设的本质属性,是建基于社会经济结构、产业结构以及教育结构之相互统一而形成的。为此,从市场性出发的角度进行高职教育专业建设,需要坚持以适应社会经济和产业结构发展、满足职业岗位要求为依据,使学校的专业设置与社会进步及经济发展的需求同步。

三、专业建设与地方产业发展密切相关

职业教育专业的属性特征决定了职业教育的专业建设与地方经济水平、产业发展变化密切相关,即职业教育中的专业设置与调整主要应根据当地经济发展、产业结构的转型调整以及劳动力市场变化等外部社会条件的变化而相应地做出变动。"产业结构的变化发展要求职业教育主要为其主导产业服务,产业结构的变化发展是职业教育改革和发展的原动力;职业教育的改革发展,又反作用于产业结构,促使其技术上不断提高和结构上更加优化,布局上更加合理。"⑥职业教育专业与产业间的关系表现在以下两个方面:首先,产业结构决定职业教育的结构,技术和职业教育发展对产业结构的优化升级具有能动作用。⑦ 产业结构调整带来的产业结构的优化与升级,必然会引起劳动力结构和技术结构等一系列的变化,这

---

① 赵志群,白滨.对中美两国职业的比较研究[J].比较教育研究,2013(12):28-32.
② 姜大源.论职业教育专业的职业属性[J].职业技术教育(教科版),2002(22):11-12.
③ 姜大源.职业学校专业设置的理论 策略与方法[M].北京:高等教育出版社,2002:9.
④ 李建求.论高职院校的专业建设[J].高等教育研究,2003(4):75-79.
⑤ 杨光.高等职业技术教育专业建设市场性研究[D].武汉:华中科技大学,2004:187.
⑥ 郭淑敏,马万昌.产业结构与职业教育[M].北京:中国科学技术出版社,2004:15-17.
⑦ 李光.发展技术和职业教育 适应产业结构的调整[J].职教论坛,2004(34):55-57.

就要求教育在类型结构、层次结构、布局结构和学科专业结构等方面及时做出调整,形成与之相适应的体系。其次,职业教育的专业建设管理部门和院校要积极主动并准确地把握地区产业结构调整变化的政策趋势,根据地区主导产业发展的需求实际来设置或调整专业。瞄准经济社会发展对人才缺口在类型、规格和数量等多方面的要求,以宽口径、多方向为重点设置专业。①

因此,职业教育的专业建设与地方产业发展关系密切,二者互为影响,相互促进。产业结构的调整会要求相应的教育结构随之做出改变,而优化了的教育结构又可以为产业结构的调整提供良好的条件,促进产业结构升级。总之,在产业结构演变、产业布局、产业转移、产业融合与职业教育的结构层次、专业建设、课程体系、人才培养上,通过二者在上述几个方面的互动达到共同促进、共同发展的目的。②

四、社会职业分工的变化要求专业综合化改革

在职业教育的专业建设中,无论是进行专业设置还是实施对专业结构的调整,首先都需要进行专业划分工作,专业划分是专业设置的前提与基础。专业划分的方法通常有两种:一是根据学术门类划分,二是根据社会职业分类划分。职业教育专业划分的方法,从根本上离不开对劳动力市场的研究、实施职业分析,并找出相应的职业群。在具体的操作过程中,特别是针对现有专业的重新划分,对现有课程的内容、课程间相互关系及其整体结构进行分析,也是一个行之有效的辅助措施。③ 因此,职业分析、课程分析和培训分析是专业划分的主要途径。德国、美国职业教育的专业划分采用的是职业分析的方法;在日本,其职业高中和专修学校的专业划分工作是建立在课程设置的基础之上,而培训分析的方法是对职业分析法和课程分析法的综合运用,视从业资格对职业能力和培训内容要求的具体情况而定。④ 依据职业分析方法进行专业划分,则要研究关注社会职业的变化和职业分工的发展。而社会职业的变化又受到社会生产中科学技术应用等因素的影响,以及由此引发的生产、服务、经营方式和劳动组织形式的变化。此外,专业划分还要考虑到能够满足学生对不同职业的适应和未来职业晋升发展的不同需要,也要有利于个人接受继续教育。最终专业划分的结果还要符合教育的规律,以便学校设置安排课程和组织教学,不能脱离学校教育实现其培养目标的可能性。⑤

从专业划分的过程来看,始终存在专业划分的口径问题。我国学科专业划分所发挥的是一种教育管理上的规范功能,它规范着学校专门人才培养的口径和领域。⑥ 如果专业划分的口径过窄,可能就会出现学生就业渠道较窄、对社会和职业变化的适应能力不强、不利于个人职业生涯发展等问题;但是如果专业划分口径过宽,又会出现专业设置的市场针对性不强、社会吸引力不足等问题。目前,职业教育专业发展综合化既是现代社会职业分工综合

---

① 袁旭.高等职业教育专业立体结构调整的研究与实践[M].北京:高等教育出版社,2004:10.
② 袁旭,康元华.产业结构与职业教育互动关系的研究之一:互动模型及其实践意义[J].高教论坛,2006(4):189-192.
③ 余祖光.农村职业学校的专业划分刍议[J].职教论坛,1999(6):16-17.
④ 姜大源.职业学校专业设置的理论 策略与方法[M].北京:高等教育出版社,2002:13-20.
⑤ 余祖光.农村职业学校的专业划分刍议[J].职教论坛,1999(6):16-17.
⑥ 王伟廉.高等学校学科、专业划分与授权问题探讨[J].高等教育研究,2000(3):39-43.

化趋势的客观要求,也体现了满足人类自身不断学习发展的需要,培养适应高技术社会和现代化管理条件下的新型技术人才,有效地提高现代企业的劳动生产率。① 总体上来说,面对社会职业分工的综合化趋势,拓宽专业口径、教育专业的综合化成为现实性需求。因此,也有研究人员提出改革当前专业划分与职业岗位对接的状况,按行业进行专业划分的思路。② 这既表明了原有职业教育专业划分理论的困境,也提示了在新的经济社会背景下进行专业理论研究与改革的现实要求。

---

① 郭扬.论职业教育专业设置的综合化趋势[J].职业技术教育(教科版),2001(4):12-15.
② 李彦.按行业划分中职教育专业的现实性分析[J].职教论坛,2012(7):75-77.

第二章

集群面向——契合产业需求的职业教育专业组织形式创新

专业的概念自引入我国后历经长期的演变,已成为我国教育研究和实践中的重要概念。职业教育专业不同于普通教育中的专业概念,有其独特的属性和建设特征,必须密切联系地方产业结构、职业变化而不断调整。专业(集)群是对传统专业组织形式的突破,提高了职业教育服务经济发展的能力。但作为一个新型概念体系,同时存在研究的现实需求与理论不足,有待深入探讨分析,推动产教融合在不同层面上的制度创新。

第一节 集群经济驱动职业教育专业建设优化重组

一、产业集群发展的多样化人才需求

产业集聚是产业发展相对成熟阶段的产物,是地区经济和产业发展优势的体现。产业集聚地区的生产力水平具有比较优势和快速发展优势,其劳动生产率较高。例如,《广东省制造业高质量发展"十四五"规划》表明,经过多年的发展和产业结构的调整,广东省工业空间集聚格局已初步形成,全省已形成新一代电子信息、智能家电、现代轻工纺织、软件与信息服务、现代农业与食品等数个超万亿产业集群。同时提出,在"十四五"时期将促进产业由集聚化发展向集群化发展跃升,培育形成若干世界级先进制造业集群。[1] 产业集聚区的发展突出了地区产业的优势和特色,对地区经济社会不仅产生重要的影响,也成为分析地区经济社会特点的现实依据。

产业集群化发展必然导致人才的集聚,产业集群为人才提供了良好的环境,由此在产业集群区域形成了人才资源的聚集[2],区域内人力资源的数量、质量与层次、结构也是影响区域产业集群发展的重要因素。人才集聚是在某一地区或行业所形成的聚类现象[3],充足而高质量的人力资源可推动产业集群的技术升级与创新,而缺乏技术与技能型应用人才,以及

---

[1] 广东省人民政府关于印发广东省制造业高质量发展"十四五"规划的通知[EB/OL].http://www.gd.gov.cn/zwgk/gongbao/2021/23/content/post_3496256.html.

[2] 胡蓓.产业集群的人才集聚效应[M].北京:科学出版社,2009:6.

[3] 张敏.中小企业人才聚集效应研究[M].北京:中国社会科学出版社,2014:7.

人才结构布局缺乏科学性与合理性等问题将严重制约我国产业的改造升级和产业集群的发展。一方面,我国处于新的经济调整和增长时期,要求促进产业结构的优化升级更加迫切,技术的进步需要加速对传统产业的改造,面向新兴产业领域发展现代制造业和服务业;另一方面,产业集群发展是产业深入发展和分工深化推动的结果,对人才的需求也呈现出不同的特点和要求。

产业集群对人数需求主要表现在:一是产业集群所在行业的不同,例如服务业和制造业对人才的类型要求不同。二是产业集群的技术特点不同,如高技术产业集群和传统制造业产业集群,相应地对人才的受教育层次和技术水平等有不同的要求。三是产业集群所在地区和集群企业类型的不同需求。如大型城市一般为企业的总部所在地,较多地需要管理类型的人才,而我国许多制造业产业集群分布在中小城市,甚至很多分散在乡镇地区,远离中心城市地区。由于集聚企业大都是中小企业,无法吸引、也并不迫切地需要大批高水平人员,同时也不再需要大量传统流水线上的操作工人,而是需要能适应同一产业链条上多个岗位和不同职业环境、职业能力要求的,具有较高技能和一定创新能力的复合型人才。四是受产业集群所处产业链的不同环节影响。随着社会分工的深入发展,分工已从原来的不同产业的分工、同一产业的产品分工走向生产同一产品的价值链分工,在此过程中,社会职业也发生了巨大的变化,导致不同的产业集群由于其所处位置不同而对职业人才的需求侧重有所不同。

现代职业教育体系建设的目标之一就是要根据产业发展的最新趋势、特点和要求,满足产业集群对人才的多样化需求,有针对性地做好技术技能人才的规划培养。其根本的落脚点在于加强和推动专业建设改革,优化教学和人才培养方案,加快面向地方产业集群的职业教育专业体系建设,以促进专业与产业的有效衔接。

二、职业教育产教融合制度创新的理论推动

产教融合是职业教育本质属性要求所决定的,已成为新时期国家政府深入推动职业教育改革发展和建设现代职业教育体系的重要政策。《国务院关于加快发展现代职业教育的决定》(国发〔2014〕19号)要求,"同步规划职业教育与经济社会发展",将深化并推动产教融合发展作为新时期指引职业教育发展的原则。比较来看,产教融合、校企合作的人才培养模式也是国际职业教育发展的成功经验,无论在理论和实践中已取得各方共识和肯定。Geoffery Tabbron 在分析了发达国家经济发展状况及其对人力资源影响的基础上指出,一个国家要想在全球竞争中生存,就必须要重视职业教育,加强职业教育与产业部门的合作[1]。产教融合式发展,不仅有利于促进人才的培养,也有助于双方共同开展技术合作与成果转化[2],以及促进校企双方、职业教育与地方产业社会部门在更多领域和更广范围的产教深度融合。

在我国职业教育实施产教融合的实践中暴露出许多问题,如部分企业积极性不高,合作层次较低,合作关系难以持续,没有形成职业教育专业与产业间有效衔接的方法和标准,缺乏职业教育产教融合的理论支撑等。其实,从当前我国经济社会发展面临的实际问题看,教

---

[1] Tabbron G,Yang J.The interaction between technical and vocational education and training(TVET) and economic development in advanced countries[J].International Journal of Educational Development,1997,17(3):323-334.
[2] 杨运鑫,罗频频,陈鹏.职业教育产教深度融合机制创新研究[J].职业技术教育,2014(4):39-43.

育领域和经济领域行业企业对产教融合、共同育人的需求同样强烈。由于我国职业教育的主体为职业学校,主要是由教育部门统筹管理,教育部门或者任何单一部门都无法有效地解决职业教育在校企合作中涉及的跨部门、跨领域问题。目前职业教育发展面临很多困境,许多问题从表面看在于职业教育自身,实质是职业教育的外部制度、体制机制等造成的。产教融合不仅应该是教育制度,更应该是经济制度、产业制度的组成部分。[①] 因此,产教融合、校企合作必须寻求创新,以新的理念指导制度设计、从新的层次拓展制度制定、在新的范围实现制度突破。

三、职业教育资源结构优化的需要

世界上许多国家政府通过采取合并、集群和网络化发展等方法应对职业教育发展资源和资金短缺的问题。其中集群发展是职业教育机构共享资源、知识和专业化的一条有效路径。例如美国的社区学院通过自由地组合成地理集群,尤其是与地方某种产业相互联系形成区域网络,旨在通过这种正规的联系来提高质量,促进彼此的协同和互补性发展。同样,泰国职业教育委员会中心所属的412所学院与超过400个私立的技术学院、农学院和商学院,联合形成了一个超越省界边限的集群,使它们能够与地方的产业和劳动力之间更加紧密地结合,以助其提高应对劳动力市场变化的反应速度。[②]

随着职业教育发展规模的迅速扩张,职业教育在自身改革发展过程中以及应对并适应区域经济社会发展方面遇到了一些瓶颈问题。尤其是职业院校专业设置趋同、骨干专业建设薄弱、专业调整改造不能适应产业升级等问题突出,导致现有职业教育专业之间缺乏梯度差异,服务区域主导产业和支柱产业的能力不强。Lewin总结指出,职业教育在发展中存在一些问题,如职业教育办学成本过高、办学缺乏必要的资源,影响了职业教育服务产业结构调整的步伐。[③] 目前一些地区实施的改革和资源整合还局限于职教内部,而且在试点规划中缺少对区域产业特点、在学人口以及行业分布状况的分析。这种仅在职教内部做规划调整,忽视了外部经济发展条件和外部资源整合的改革,很难真正取得实效且极易造成资源的闲置与浪费。[④]

职业技术教育结构是职业教育系统内部要素间的联系方式和比例关系,一般由层次结构、布局结构、专业结构、师资结构等组成。其中,专业结构的调整必须从产业结构实际出发,综合考虑区域范围内的专业建设问题。总体而言,专业结构优化的方向应该满足我国产业升级换代所需要的各级各类人才,集群经济对人才的需求一般较为稳定,需求数量大且具有同质性,这些都为职业教育机构开设适合地区集群企业所需要的专业提供了可能。[⑤] 当前,我国推动经济增长的动力是实现由要素驱动向创新驱动转型发展,技术进步和产业的转型升级对劳动者的素质提出了更高的要求,我国职业教育人才培养急需向中高端发展。为

---

① 和震.建立现代职业教育治理体系 推动产教融合制度创新[J].中国职业技术教育,2014(21):138-142.
② Rupert Maclean,David Wilson. International handbook of education for the world of work:bridging academic and vocational learning,vol. 3 of 6[M].Bonn:Springer,2009:909-910.
③ Lewin K M.Education and Development:The issues and the Evidence[D].Centre for International Education University of Sussex,1993:141.
④ 邢晖.职教体制改革,行至水深处[N].中国教育报,2014-3-17(6).
⑤ 彭移风.产业集群人才需求与职业技术结构优化[J].高等工程教育研究,2007(1):121-123.

有效应对区域经济发展战略的实施和地区产业集群经济发展带来的影响,职业教育发展必须调整思路,研究探索如何在职业教育结构调整与区域经济发展间形成良性互动,及时实施院校专业建设改革,从而提升面向产业变化的人才培养能力。

第二节 产教融合引导职业教育专业建设规范有序

一、密切职业教育与地方经济发展的关系

职业教育发展受到地区经济发展水平与产业变化的影响。职业教育在整个教育系统中的比例,职业教育的专业结构、层次与布局等,都需要与一定时期的生产力发展水平以及在此基础上形成的经济社会状况、产业结构相适应,经济结构的调整会带动职业教育结构的调整。否则,就会出现职业教育的专业设置滞后于产业发展的最新要求和发展趋势,造成专业人才培养与地方经济和产业发展需求实际相脱离,不仅不利于学生的对口就业,也难以体现和发挥职业教育服务地方经济的职能。

在服务和促进地方经济发展的过程中,地方经济与职业教育的关系表现在以下几个方面。首先,社会生产的规模越大、工业化水平越高,社会对技能型劳动力的需求就越多,对职业教育的需求相应地也就越大,职业教育在整个教育系统中所占的比重就会越来越大。其次,经济结构对职业教育的专业结构有着重要的影响。社会经济有一定的结构,其中最主要的是产业结构。农业、工业和服务业等不同产业对技能型人才需求比例结构直接影响职业教育的专业结构。产业又分为不同的行业,每一行业又分为不同的职业和岗位。随着生产力的发展,社会分工进一步细化,一些旧的职业和岗位在消失,一些新的职业和岗位在涌现。为此,职业教育专业及其结构就应该不断进行调整以适应社会分工变化的需要。最后,在社会生产中,对不同层次劳动者的需求是不同的。如在制造业中,对初级工、中级工、高级工、技师和高级技师等的需求量是有差别的,这种差别直接影响职业教育的专业层次结构。生产技术的更新和产业结构的调整,对技能型人才提出新的要求,从而要求职业教育不断调整技能型人才培养的层次结构。近年来,经济结构调整的周期越来越短,产业的调整和产业技术革新速度加快,引发人才和劳动者的流动以及现有在岗人员的能力更新,上述这些情况都要求职业教育及时调整人才培养规格,推动专业建设改革创新,以适应社会生产变化的需求。

二、丰富区域职业教育产教融合分类的理论体系

职业教育产教融合是一个十分宽泛的概念,应该是产教双方多主体在多层次、多领域,以多形式分别进行结合的有效探索。从区域层面来说,就是实现区域统筹的职业院校发展与地方经济产业的协调发展,职业教育专业集群建设与产业集群发展分别作为教、产双方的主体内容之一,研究探讨产业集群经济背景下的专业集群建设发展的问题对于明确产教融合的内涵及其实现形式具有重要意义。

根据产业集群理论,在产业集群的产生与形成过程中,产业集聚区企业的聚集只是集群发展的前提,并不能形成真正意义上的集群发展,教育部门作为产业集群形成并促进集群创新发展的主体之一,只有当地区内集群组织各主体之间,包括政府和社会机构彼此之间真正

建立起密切的联系机制,产生互动并建立起共同联系的网络关系,才能够认为该产业集群已发展到了成熟阶段。①

为此,基于产业集群的职业教育专业集群建设理念突破了以往以院校为单一主体的专业集群式发展模式,将经济学的相关理论引入教育学领域,借助于产业集群理论、教育与经济互动关系理论,跳出教育自身,从教育与经济发展的关系视角出发,充分考虑区域职业教育的整体发展与区域经济发展的适应问题,通过统筹规划与宏观指导,促进区域职业教育及其与区域经济社会的协调发展,从整体上提高区域职业教育的发展水平。

三、促进职业教育人才培养目标的转型调整

职业教育的服务属性特征要求职业院校的人才培养紧跟社会变化发展动态,与社会需求保持一致。2005年,《国务院关于大力发展职业教育的决定》提出,职业教育的培养目标是生产服务一线的技能型人才和面向现代制造业与服务业的高技能专门人才;《国家中长期教育改革和发展规划纲要(2010—2020年)》则提出是要"满足经济社会对高素质劳动者和技能型人才的需要"的培养目标;2012年,《国家教育事业发展第十二个五年规划》进一步明确了中、高等职业学校各自的办学定位,要求中职教育重点培养"现代农业、工业、服务业和民族传统工艺振兴需要的一线技术技能人才",高职教育则培养适应产业转型和技术创新的"发展型、复合型和创新型的技术技能人才"。可见,我国政策文件中针对职业教育技术技能人才培养目标与生产发展和技术进步同步适应的要求已经渐趋明确具体。

现代社会中生产和技术综合化的趋势不断增强,技术进步导致对未来工作技能要求的不确定性,职业培训应该侧重于培养可迁移技能而不是培养特定的职业技能②,生产一线的技术岗位内涵不断丰富常常是综合性的,往往需要多学科的知识和多种技能。从教育目标和职业教育的根本任务来看,"教育的总体目的是使人们能够顺利进入和改进他们生活的社会做准备。此外,职业教育还为学生和成人提供:①职业生涯发展获得成功必要的知识和技术技能;②跨职业的基本知识和技能(如解决问题、团队合作以及信息搜集的能力)和平衡工作与家庭职责的能力。"③

四、加快面向新型产业需求的专业人才培养

职业教育作为一种面向实践、面向生产一线,培养实践动手能力强的实用型技能技术型人才的教育类型,应按照区域产业集群发展对技术技能型应用人才的层次、结构、规模、质量等方面的要求,为区域产业集群经济的发展提供强有力的人力支撑。现在我国经济发展进入新常态时期、GDP增速放缓,继续保持稳中有进的发展态势,需要靠技术进步、提升技术创新能力、加快先进产业技术转移应用。对职业院校来说,创新发展的核心着力点是如何加快先进产业技术的转移和应用,如何加快技术技能积累,从而使每一个产业领域创造价值的能力不断提升,进而促进产业升级。最终落实到人才培养上,就是要主动适应经济形势发展

---

① 赵昕,张峰.基于产业集群的职业教育专业集群基本内涵与特征[J].职业技术教育,2013(4):36-40.
② Raizen S A. Learning and work: The research base. Vocational education and training for youth: towards coherent policy and practice,OECD,Paris,1994:69-114.
③ NL McCaslin,D Parks. Teacher education in career and technical education: Background and policy implications for the new millennium[J].Journal of Vocational Education Research,2002,27(1):69-107.

的新变化,加快培养适应新型产业变化需求的技术技能型人才。

五、提高职业院校专业建设的整体竞争力

专业建设是将学校教育教学工作与社会需求紧密结合的桥梁与纽带,在当前职业教育大发展的背景下,专业建设已由规模迅速扩张转入了内涵建设阶段,专业的集约化建设成为解决目前专业建设所面临瓶颈问题的最佳途径。通过专业的集群化发展可以实现有效地整合职业教育资源,避免职业院校间的专业重复建设与恶性竞争,展现专业群体性的优势,实现资源的共享,减少实习实训设施设备的重复建设和设备闲置等问题,从而降低实训基地建设的成本,形成专业特色、品牌优势和规模效应,增强职业教育的社会吸引力。通过宏观统筹,统一规划区域职业教育发展战略,推进区域职业教育专业建设工作的整体发展,切实增强专业发展的竞争力。

六、提升职业教育专业建设管理工作的科学水平

管理的变革是为了更好地保障职业教育体系紧跟技术的变化和各个国家发展的需求,这对于防止职业教育组织和管理的僵化同样重要。来自丹麦国际开发署的评价指出,近年来有关职业教育专业问题的关注,已开始从技术技能向组织管理职能方向转换。①

从专业建设管理的层面来说,我国采用全国统一的专业目录进行专业管理,具体的专业设置申报论证等工作则由院校直接负责。因此,在最高教育主管部门和院校之间缺少了中间层面对专业建设进行管理或指导的依据,即区域层面的专业建设管理。在促进专业与产业的衔接方面,缺少有效指导地区内专业管理的工具和手段,以实现对区域内学校的专业建设工作进行合理的统筹协调和安排。通过研究区域内职业教育专业建设情况与产业集群发展的互动关系,一方面找出我国职业教育专业建设调整的有效管理方法,使人们能够自觉主动地驾驭学校教育中学科专业的建设和发展;另一方面,可以根据职业学校人才培养的特点,调整行业的发展规模、速度和布局等,促进产业结构的合理化。研究的成果可以为区域内职业教育行政管理部门、职业院校调整专业结构和进行专业设置提供科学依据,并为社会经济、科技和社会发展对人才有效需求进行导航。

第三节 职教属性推进职业教育专业建设持续拓展

专业的概念自引入我国后历经长期的演变,已成为我国教育研究和实践中的重要概念。职业教育专业不同于普通教育中的专业概念,有其独特的属性和建设特征,必须密切联系地方产业结构、职业变化而不断调整。专业(集)群是对传统专业组织形式的突破,提高了职业教育服务经济发展的能力。但作为一个新型概念体系,同时又存在专业群建设的现实迫切要求与理论研究不足的矛盾,有待深入探讨分析,推动产教融合在不同层面上的制度创新。

一、专业(集)群概念内涵及其演化

什么是专业群?其内涵是什么?在已有的研究成果中,许多学者均对此进行了阐述。

---

① Rupert Maclean, David Wilson. International handbook of education for the world of work : bridging academic and vocational learning, vol. 1 of 6[M]. Bonn : Springer, 2009 : cii.

综合来看,对专业群概念内涵的理解可以概括为两种主要的观点:一是"相近论",即相近或相关专业的集合。如专业群是指"由若干个专业技术基础相同或紧密相关……专业(方向)组成的一个集合。"① 类似地还有,专业群就是指在工程对象、技术领域或学科基础等方面相同或相近的专业组成的集合体。② 抑或表述为,"所谓专业群,是指与行业中的职业群相对应,有共同资源基础、技术基础和社会关联基础的相近专业。"③ 对于相近或相关专业的具体解释为,"专业群所涵盖的可以是同一学科体系的专业,也可以是不同学科体系的专业,其范围可以用是否能在同一个实训体系中完成实践性教学加以界定。"④ 二是"合力论",即通过核心专业带动其他专业共同发展的合力群体。有研究人员在"相近论"的基础上,认为"专业之间不仅有共享还有耦合",来自不同学科或院系的专业通过核心专业的带动和专业之间彼此的相互促进,形成合力。并且强调"共享不是专业群内专业的必然要求,专业之间的相互依赖和相互促进才是主要特征。"⑤ 与第一种观点相比较,在专业横向联系的基础上又向纵向联系上进行了拓展,拓宽了针对专业群研究与实践的思路。可见,专业群概念的出现及研究深入,明确了与专业概念的区分,"专业群的内涵,并不是简单地等同于专业目录、课程设置,而是一个包含教学资源、师资配备、实训体系在内的系统。"⑥

与专业群研究相比,对专业集群的研究较少,对专业集群概念作明确界定的更少。有些研究虽然以专业集群为题名,其实还是院校内部的专业群建设概念,如"专业集群是对应区域中某一个支柱产业的产业链,由一个或多个重点建设专业作为核心专业,由若干相关专业共同组成"⑦,类似的还有专业集群"是指由若干个相近、相关的专业或专业方向共同组成的专业群"⑧,没有体现出专业集群的真正内涵。随着研究的发展,为进一步扩大职业教育专业建设与产业的对接范围,推动地区产业发展与人才培养目标的转型升级,研究提出"校际专业集群"概念,通过搭建高职校际专业集群教产合作平台,使高职校际专业集群与产业行业协会组织对接⑨。高职校际专业集群的建设"是高职教育对经济发展要求的主动适应与战略创新"⑩。这既是对专业群概念的拓展,又引出了职业教育专业集群建设思想,但没有给出明确的专业集群定义。在以上研究的基础上,有研究者总结指出,基于产业集群的职业教育专业集群是"以区域内一所或若干所重点建设的中等和高等职业院校的品牌特色专业和专业群为核心,形成相关专业与专业群在空间上的集聚"⑪,着重就专业集群的建设内容和基本特征进行了分析,并对专业群与专业集群进行了比较,充分吸收整合了产业集群的思想内涵,提出了跨组织、跨层次组建专业的思想,可以认为是对专业集群概念的一个较为全

---

① 姚寿广.对高职教育人才培养方案基本框架的思考与设计[J].中国高教研究,2006(12):62-63.
② 袁洪志.高职院校专业群建设探析[J].中国高教研究,2007(4):52-54.
③ 闵建杰.关于高等职业教育专业群建设的思考[J].湖北职业技术学院学报,2006(3):3-6.
④ 应智国.论专业群建设与高职院校的核心竞争力[J].教育与职业,2006(14):33-35.
⑤ 易新河.高等职业院校专业群建设探讨[J].长沙民政职业技术学院学报,2007(2):66-68.
⑥ 陈林杰.高职院校专业群构建的路径研究与实践案例[J].中国职业技术教育,2007(26):34-35.
⑦ 李宏,徐淮涓,孙铁波.基于区域产业升级的高职院校专业集群构建——以江苏食品职业技术学院为例[J].职业技术教育,2012(2):9-11.
⑧ 杜安杰.浅论高职"专业集群"建设思想[J].四川工程职业技术学院学报,2007(2):30-31.
⑨ 郑哲.关于高职校际专业集群的思考[J].河南教育学院学报(哲学社会科学版),2012(4):75-78.
⑩ 温辉.高等职业教育校际专业集群发展研究[J].教育与职业,2014(17):48-49.
⑪ 赵昕,张峰.基于产业集群的职业教育专业集群基本内涵与特征[J].职业技术教育,2013(4):36-40.

面合理的总结与表述(见表2-1)。

表 2-1　专业群与专业集群的典型定义

	专 业 群	专 业 集 群
相近论,即相近或相关专业的集合	工程对象相同、技术领域相近或专业学科基础相近的专业集合(袁洪志,2007)	校际专业集群(郑哲,2012)
		区域内中等和高等职业院校的相关专业与专业群在空间上的集聚(赵昕,2013)
合力论,即核心专业带动的合力群体	专业之间不仅有共享还有耦合,专业之间的相互依赖和相互促进才是主要特征(易新河,2007)	校际专业集群,是对经济发展要求的主动适应与战略创新(温辉,2014)

二、"职业联系"是专业群建设的现实依据

专业群建设的研究和实践在20世纪90年代中期主要在高职院校自发展开,90年代末专业群建设思想由原有课程体系入手逐步转到了专业建设角度。2006年,教育部提出在100个示范性高职院校建设500个左右的专业群后,理论界对专业群的研究关注日益密切。专业群概念的出现即是对原有"专业"概念的一种突破和创新,体现了专业建设的优化资源配置思想,通过打破内部院系之间的隔阂,更好地对接区域产业的发展,提高职业院校为区域经济发展服务的能力。

可见,有关专业群的建设主要还是在学校内部进行,目的在于整合或优化配置现有的专业资源,其建设思想是通过专业群的发展,围绕师资、课程、基地建设等方面,从整体上带动并提升院校的整体实力和办学水平。关于专业群的对接点是什么,主要有对接产业链、职业岗位群、学科群等几种不同的提法。第一,"专业群对应的是经济发展的产业链"[1],是通过对某产业链上各环节的人才需求状况进行分析,构建相一致的专业群体系。第二,专业群中的专业设置方向是"面向企业中的岗位群",从满足教学要求的角度来说,需要"能在同一个实训体系中完成"[2],则是根据专业的课程设置情况或者对应岗位的技术技能要求来划分组合形成专业群。第三,对于以学科为基础构建专业群,"有可能无法脱离学科教育的窠臼"[3],可以面向不同行业领域的行业业态构建专业群,按照行业领域出现的新的业态变化来构建专业群,以适应行业发展的需要。对专业群内各专业间的相互关系,有研究者总结提出首先应区分专业群的内在联系是"学科基础上设置专业"的"学科联系",还是"与产业、职业岗位对接"的"职业联系",以避免专业群建设中的争议。因此提出"与产业、职业岗位群对接"的"职业联系",是高职教育专业群建设的现实依据,并认为以区域产业相近职业岗位群组建专业群,符合专业群"职业联系"的内在要求[4]。综合来看,大部分学者认为职业教育的专业群建设不适合依据学科分类来划分组建,倾向于支持对接产业进行建设的占据多数,这也符合并体现了职业教育产教融合的本质要求。

---

[1] 刘家枢.专业群建设:高职院校战略管理的重要创新[J].辽宁高职学报,2008(7):22-24.
[2] 陈林杰.高职院校专业群构建的路径研究与实践案例[J].中国职业技术教育,2007(26):34-35.
[3] 徐恒亮,杨志刚.高职院校专业群建设的创新价值和战略定位[J].中国职业技术教育,2010(7):62-65.
[4] 沈建根,石伟平.高职教育专业群建设:概念、内涵与机制[J].中国高教研究,2011(11):78-80.

三、专业组织形式与集聚空间不断扩展

由于专业群在概念界定、建设依据方面尚不统一,因此从不同的角度理解会出现各异的建设路径、方法和原则。首先,专业群的构建必须从产业、行业和企业的特性出发,专业群的建设要遵循五项原则:第一,立足社会总体需求;第二,立足区域发展需求;第三,立足自身长远发展;第四,立足面对朝阳行业;第五,立足适度超前建设。① 其次,高职专业群设置与发展由于受到内部自身需求和外部产业经济环境两方面的影响,应从专业群与产业集群协同发展的视角设置专业群,为此高职院校专业群的设置原则是:适度超前产业集群的发展阶段,立足于本区域的特色产业集群,考虑不同层次职业教育专业群设置的统筹安排和相互衔接,实现资源与需求导向相结合。②

专业群不是几个专业简单地组合,需要构建科学可行的组织形式,构造专业群内各专业之间联系的接口,创建专业群一体化应用③。大部分研究人员认为,要合理构建专业框架,就是要根据并依托所在的社会环境、地理条件、经济特点以及职业院校自身所具备的办学基础,并结合深入广泛的市场情况调研,从战略的高度综合考虑专业框架的构建。专业群的建设是一项涉及多方的系统工程,职业院校要从市场的实际需求出发,结合自身实际论证拓展新专业的可能性,逐步推出新的专业方向或相关新专业,并做好相关的实训设备、基地及师资队伍等资源的配套工作。

专业集群的建设不要局限在院校内部,通常是面向整个区域范围,围绕地区产业结构的调整、产业升级的方向,按照区域产业优势,形成有地方特色的职业教育专业群,进一步通过专业集聚与提升,形成具有梯度差异的专业簇群,从而培育基于地方经济基础的区域职业教育的竞争力。专业集群式发展是地区产业集群发展趋势对职业教育专业布局进行调整的要求,要求职业院校必须改变传统的发展方式和服务模式,适应产业集群发展模式变革与组织变革,集聚和集约区域内整体专业优势,建立协同创新的专业集群组织模式,通过对传统专业升级、专业整合、品牌建设、基地配套、集团化发展等策略逐步实施改造,并通过政府部门的协同保障,推进区域职业教育专业集群对接产业集群服务的体制机制与模式的战略创新。

第四节 集群组织催生职业教育专业建设突破创新

一、深化专业集群的内涵机制,拓展集群的管理组织功能

从专业一词的来源及其在我国教育体系中的发展来看,从专业概念的引入后经历了长期的演变,专业已成为我国教育系统研究和实践中的重要概念和高频词汇,因此有关专业的研究是教育研究绕不开的主题。虽然不同时期研究的关注度有高有低,研究层次和角度可能不尽相同,但通过对其在职业教育研究领域的梳理可以看出其中一个明显的趋势,即专业概念的演变在我国职业教育研究领域经历了由专业到专业群、专业集群的脉络主线,体现了职业教育与社会经济发展、产业结构的调整以及职业的发展变化密切相关的特点。目前在

---

① 徐恒亮,杨志刚.高职院校专业群建设的创新价值和战略定位[J].中国职业技术教育,2010(7):62-65.
② 孙峰.专业群与产业集群协同视角下的高职院校专业群设置研究[J].高等教育研究,2014(7):46-50.
③ 易新河.高等职业院校专业群建设探讨[J].长沙民政职业技术学院学报,2007(2):66-68.

专业建设问题上,专业群和专业集群正成为理论和实践中探讨较多的话题,由于专业集群还是一个比较新的概念,研究出现的时间还比较短,另外专业集群也是移植而来的概念,其在教育中的运用也需要更加详尽的探讨。

专业集群概念的出现意味着专业间优化组合和整合发展的要求,但目前对于专业集群与产业集群的连接点、专业集群建设标准、建设机制以及组合方式等许多重要问题尚不清晰。因此,首先,专业集群是对专业组合形式的创新探索,其现实的动力需求是什么?传统的专业划分、专业设置与调整、专业的管理中存在什么样的问题?我们需要从理论分析层面提高对专业集群的认识,在专业集群的集群思想、功能作用、专业的内在联系机制等方面加强研究。其次,集群并不是简单的专业组合,在专业集群的概念体系下,专业管理体制和专业组织教学形式等方面将发生什么样的变化?需要如何改革应对?即分别探讨其作为教育行政管理部门的管理体和作为职业院校的教学组织单位的特点、原理、作用机制等内容。

二、开展集群基础理论研究,促进专业与产业的互动联结

"基于区域产业集群的职业教育专业集群发展的理论基础是产业集群理论,专业集群理论是产业集群理论在教育领域中的拓展与应用。"专业集群式发展与产业集群和产业链延伸在本质上具有相似性,其共同起源于经济学中集群的思想,即"通过各种经济要素质量的提高、要素含量的增加、要素投入的集中以及要素组合方式的调整来增进效益""目的就是追求成本最经济、效益最大化"。① 因此,专业集群的概念和理论是经济学理论的具体应用与变迁。从规模经济的角度看,集群的形成有利于获得外部规模经济的好处,包括环境、资源的共享,形成本地专业技能市场,增加内部群体间的知识交流等;从工业区位理论的角度看,集群可以提高生源规模和就业规模,从而降低专业成本,通过各种资源设备的共享利用,可以减少经常性成本开支;增长极理论的解释为,一个支配型专业的增长或创新能诱导其他相关相近专业的增长,产生"极化效应"和"扩散效应";集群竞争优势理论认为专业集群式发展不仅可以带来成本的降低、提高效率,而且可以改进激励方式,改善创新的条件,促进核心竞争力的形成。专业集群与产业集群研究分属于不同的学科领域,理论的应用不能简单移植,需要进一步深入分析。

目前,产业集群的研究内容大多是纯经济学视域的问题,缺少对两者交叉的研究。产业集群作为世界经济发展的趋势,地方的产业聚集必然会引发区域内经济社会多方面的变化,如人才聚集、技术传播、职业岗位变化等,已有研究在产业集群与区域创新系统、产业集群与技术集群的联结互动、产业集群与职业结构的关系方面做了有益的探索,可以为我们进一步研究产业集群对地区经济发展的影响提供依据。Asheim 和 Isaksen 的研究表明,区域创新系统是由外围组织支持或支撑机构环绕的区域集群,它主要是由两种类型的主体(区域主导产业集群中的企业及其支撑产业机构)、制度基础结构(如研究机构和高等教育机构、技术扩散代理机构、职业培训机构、行业协会、金融机构等)以及它们之间的互动构成。② 教育机构作为支撑地区产业集群发展的辅助性组织,产业集群的竞争优势的形成离不开辅助机构的

---

① 赵昕,张峰.基于产业集群的职业教育专业集群基本内涵与特征[J].职业技术教育,2013(4):36-40.
② Asheim B T, Isaksen A. Regional Innovation Systems: The Integration of Local "Sticky" and Global "Ubiquitous" Knowledge[J]. Journal of Technology Transfer, 2002, 27(1): 77-86.

支持,我们尚需研究产业集群的区域经济效应对人才的专业知识、人员的教育层次水平、就业的岗位类型变化等方面提出了什么样的要求,对职业院校的发展会带来哪些实质性的影响;相应地,产业集群经济背景下区域职业教育的专业建设应如何开展,教育行政管理部门如何把握和判断地区产业发展的动态,及时实施专业设置与调整,以适应产业集群发展对人才的新型需求。

三、加强集群资源整合的政策设计,推动产教融合制度创新

在我国职业教育实施产教融合的实践中暴露出许多问题,如部分企业积极性不高,合作层次较低,合作关系难以持续,没有形成职业教育专业与产业间有效衔接的方法和标准,缺乏职业教育产教融合的理论支撑等。从当前我国经济社会发展面临的实际问题看,教育领域和经济领域行业企业对产教融合、共同育人的需求同样强烈。我国职业教育的主体为职业学校,主要是由教育部门统筹管理,仅仅由教育部门或者任何单一部门无法有效地解决职业教育在校企合作中涉及的跨部门、跨领域问题。目前职业教育发展面临很多困境,许多问题表面看在于职业教育自身,其实是职业教育的外部制度、体制机制等造成的。产教融合不仅应该是教育制度,更应该是经济制度、产业制度的组成部分。[①] 因此,产教融合、校企合作制度必须寻求创新,以新的理念指导制度设计、在新的层次拓展制度制定、在新的范围实现制度突破。

专业集群的建设研究涉及跨层次、跨领域以及多部门的资源整合问题,需要政府部门的统筹管理,改革现有的专业管理体制,建设区域职业教育专业产业协同发展资源库,从整体上把握区域内专业产业发展的现状。目前很多研究仅以学校为主体探讨专业集群建设,从区域层面上探讨的较少。围绕对接产业群的职业教育专业群建设的研究,大多在高职院校领域。因此,如何突破职业教育专业管理局限于教育部门内部,探索建立以地方政府统筹管理职业教育专业与产业结合发展的创新型体制机制。总之,作为实现产教结合的一种重要形式和突破口,对接产业集群的专业集群建设需要进行更深入系统的探究。

---

① 和震.建立现代职业教育治理体系 推动产教融合制度创新[J].中国职业技术教育,2014(21):138-142.

第三章

理论审视——职业教育专业对接产业的内在机理

职业教育专业集群发展是专业理论的创新发展和专业组织形式的变革,专业集群作为一个全新的概念体系需要寻找其背后的理论支撑,即:专业为什么要集群发展?促进专业变革发展的动力机制或社会外部条件是什么?需要从专业概念的历史发展及其与专业相关的概念分析入手。从已有研究可知,专业集群的概念源自产业集群的理论思想,是针对服务于产业集群的发展而提出的。专业集群是对产业集群概念的借鉴和移植,更加强调职业教育专业密切服务产业发展的特点。但产业集群作为经济学领域业已研究和发展成熟的理论体系,其形成发展的特点是什么?与专业的变化有何关系,如何联系?关于产业集群发展背景下探讨专业变革的问题还需要从职业教育专业的本质属性,产业发展如何影响并作用于专业,产业、职业与专业的内在关系出发,分析阐述职业教育专业建设变革要求的经济社会背景。

第一节 职业教育的专业与职业

职业教育专业建设的理论变革需要从职业教育专业自身的属性入手分析,职业教育的专业不同于普通教育领域的专业属性,职业性是职业教育的专业的根本特质。职业教育专业的职业性表现在专业与职业的同源性,即从最初起源意义上来说,专业特指某些专门性的社会职业,专业的产生和发展来自专业性职业的出现和对专门知识的需要。因此从专业与职业同源的角度,专业的发展也是社会分工的产物。随着学校教育的发展,专业作为学校教育中的教学组织单位需要满足学科教学的特点,根据专业职业性的要求来组织相应的学科教学内容,专业发展也是科学分工的结果。职业教育专业与职业的关系体现在职业教育专业的职业性原则,职业性原则又进一步明确了职业教育专业的职业性内涵,指导着职业教育专业设置、专业人才培养和教学工作的开展。虽然职业教育的专业与职业关系密切,但专业与职业并不是一一对应的关系,随着专业与职业的发展,两者在各自领域形成了不同的分类体系。专业的职业性决定了专业必须随着社会职业的变化而不断创新,在专业设置、专业调整等专业管理层面和专业学习内容选择及专业教学组织方式安排等院校专业建设层面灵活变化,专业的理论研究也需要紧紧围绕专业的本质属性,深入分析新时期社会职业、产业发展的变化特点和规律,以更好地跟进和满足职业发展的需要。

一、专业与职业的关系密不可分

专业概念的使用较多是在高等教育院校中。在高等教育领域,专业的分化并不是一开始就有的,而是社会演变、知识增加和教育规律本身等因素综合影响的结果。

(一)专业特指某些专门性的社会职业

有关专业的理解,归纳起来大体上可以从广义、狭义方面加以认识。首先,专业的产生是与社会职业的出现相伴而生的。从广义上来说,职业的产生也就意味着专业的出现,任何一种职业相应地也都是一种专业,具有其他职业无法替代的特质,从这种意义上来讲,专业的概念与职业相近,是指某种职业区别于其他职业的劳动特点,①职业与专业一开始具有相互对应的特征。其次,中世纪时期,手工行业的较快发展促使行会出现,将从事同一种职业的劳动者更加紧密地联系在一起,教师行会也在这一时期产生。随着知识的增长和发展,学校教育中逐步产生了课程的分工以及教师行会内部的分化,由教师行会组织内部分化的"教授会"(Facultat)可视为学科专业教育的萌芽。据考证,教授会是13世纪出现的,当时的大学一般有4个教授会,包括文学教授会、医学教授会、法律教授会和神学教授会,有的法律教授会还分出单独的民法和教会法的教授会,②这其实可以算作专业教育出现的早期雏形。文学、医学、法律和神学在当时的学校中并不像现在所理解的并列院系,其中文学院处于较低层次,相当于其他学院的基础性教育,甚至都算不上大学层次的专业教育,而且由于其学生的入学年龄一般只有十一二岁,因此文学院更多地相当于现在基础教育阶段中的中学层次的教育。③

从专业科学的角度看,一个专业之所以成为专业,是因为这个专业有着与其他专业不同的学科知识体系。④ 根据专业社会学,人类的职业可以被分成两大类:一般的职业和专业,其中专业又称为专业性职业(professional occupation)。专业性职业之所以不同于一般职业,主要是由于它有一个科学的知识体系,包括"为了专业"(for the profession)和"关于专业"(about the profession)的知识,由此专业有了比一般职业更重要的地位。⑤

因此,专业与职业是紧密联系的概念,如果从狭义层面理解,专业就是指这些特定的社会职业。随着分工的逐渐深入,某些职业活动属于比较高级、复杂的劳动,接受过专业教育训练的人员才能胜任⑥。按照马克思的观点,这种复杂劳动是简单劳动的倍加。所谓简单劳动是指那些没有接受过专业性的指导和经过专门的学习培训,从而不具备专长的劳动者也可以从事的劳动。复杂劳动是指必须经过专业性的训练,拥有某方面专业性技术技能的劳动者才可以胜任的劳动。从事专业性职业的人员必须具备专业系统内与职业相关的各方面的知识,专业性职业对专业知识和专业技能方面的要求需要从业人员经过长期的专业训练和培养才能胜任某种专业性职业的工作。

---

① 周川."专业"散论[J].高等教育研究,1992(1):83-87.
② 曹孚,等.外国古代教育史[M].北京:人民教育出版社,1981:110.
③ 林蕙青.高等学校学科专业结构调整研究[D].厦门:厦门大学,2006:177.
④ 赵志群.职业教育与培训新概念[M].北京:科学出版社,2004:98.
⑤ 赵康.论高等教育中的专业设计[J].教育研究,2000(10):21-27.
⑥ 周川."专业"散论[J].高等教育研究,1992(1):83-87.

（二）专业是科学分工和社会分工的产物

从专业的发展来看，早在公元 5 世纪印度高等教育逐步发展之时，学校的主要学习内容只是有关于神学、哲学方面的知识，另外也涉及一些天文和法律等讨论内容，这些知识彼此相互交叉融合。知识的分化是建立在知识总量的不断丰富和发展之上的，随着人们对世界的认识越来越深入，知识总量不断增加，知识才有可能发生分化。从知识本身的发展来看，知识专门化的标志是近代科学体系的形成。从 16 世纪开始，知识走上了专门化的道路，物理学、化学、生物学、天文学以及政治学、经济学、历史学、社会学等先后从古代综合的知识体系中分化出来，有了自身特定的研究对象和独特的研究方法，并逐步发展成为成熟的学科。从学科专业教育建制化的进程来看，工业革命的发生明显加快了学科专业的发展。在英国，16—19 世纪中期，学校教育是以心智训练为主的人文社会科学课程，理、工科等课程不足学校课程的 40%。到 19 世纪后期，传统大学也逐步开始开设适应工商业发展的课程，如造船、化工等。① 与此同时，工商业发展由于迫切需要受过相应的专业训练、掌握实际职业知识和技能的专门人才，因此出现了许多新型专业化的高等专门学校。19 世纪中叶之后，在德国，为适应工业化发展的需要，出现了一批工科型大学和专门学院。② 虽然当时这些学校是低人一等的，没有独立的学位，所收学生也大多数为社会地位低下的贫困家庭子女，但由于培养出来的人才满足了社会发展的需要，因此其影响和规模越来越大。

从学校教育的角度来看，专业是为承担人才培养的职能而设置的，是学校教育机构中的基本教育单位或组织形式。③ 作为学校教育基本单位的专业，"专"表达了面向专门领域的意思，即学习某一方面的知识，培养专业性的人才，服务专门的领域或部门。专业一词在不同的国家具有不同的表达，在我国，专业概念主要是沿袭苏联教育模式的结果，将原来的"科"改为"专业"培养人才。在我国辞海中，专业指的是"学校根据社会专业分工需要所分成的学业门类"。现代汉语词典对专业的解释为"根据科学分工或生产部门的分工把学业分成的门类。"④ 可见，专业是科学分工和社会分工的产物，专业的教学需要组织相关的学科知识进行。

因此，对专业含义的理解，就学校组织内部而言，专业是一种课程组织形式，学生修完某一专业，便形成一定的知识与能力结构，这相当于国际教育分类标准里的 program；就社会各部门而言，专业又是特定社会分工下的职业及与之相结合的劳动特点变化的产物，在此基础上学校根据社会各部门的分工需要，开设相应的专业，进而组织课程教学，培养专业人才。一般认为，职业教育的专业是以社会分工为基础，为培养学生的专业职业技能而设立的教育体系。职业院校的专业设置需要从社会需求出发，体现职业现状与发展的趋势。

（三）专业随着社会职业变化而不断创新

从历史发展的角度看，专业发展呈现出序列结构特征，传统的专业由于不断分裂在数量上增长的同时，通过专门化过程或响应商业、社会价值和技术进步的变化，促进新的专业出

---

① 黄福涛.外国高等教育史[M].上海：上海教育出版社，2003：131，149.
② 黄福涛.外国高等教育史[M].上海：上海教育出版社，2003：164-165.
③ 周川."专业"散论[J].高等教育研究，1992(1)：83-87.
④ 中国社会科学院语言研究所词典编辑室.现代汉语词典[Z].北京：商务印书馆，1995：1518.

现。① 在不同的社会状态下,职业具有不同的特征。前工业化社会的专业是神甫、医生和律师等职业,历史学家称为"自由专业"(liberal professions)和博学专业(learned professions),社会学家称为身份专业(status professions)。直到 18 世纪开始专业才开始承载特定的意蕴,在 19 世纪的英国和稍后的美国,资本主义工业化的职业结构进一步发展,在中产阶级的努力下,才有了专业的称谓。工业化时代培育了一批将农业经济转换成工业经济知识的专业,工程师、工业化学师和会计师等职业出现。20 世纪中叶以后,"福利国家"的诞生和发展导致福利性社会工作者的产生。市场经济时期加快了管理和商务专业的发展。知识经济时代,信息技术的发展催生了一批网络设计师、软件编写师等新兴职业。

从社会的角度来看,专业处于学科体系与社会职业需求的交叉点上。随着社会产业结构的调整和人才需求的变化,学校的专业相应作出改变,表现为新旧专业不断地更替、专业的"冷""热"变化以及为了满足社会对各类人才需求的专业规模、数量的变化。② 因此,专业的发展与社会经济、技术变化和社会分工的发展关系密切,专业的发展不仅体现在专业门类和专业化程度的加深,也体现在专业综合体系与专业发展形势等方面的创新发展要求。

从专业形成的模式来看,美国学校教育中的专业形成的一般过程是"职业—课程—专业"。首先是社会变化产生新的职业需求,反映在学校教育上则是以相关课程学习的形式出现,即学校通过先开设一门或几门从事职业所需要的选修课程,等到新的职业发展到相当的规模,有了稳定的人才需求,学校经过前期的课程教学配套建设,在师资、设备等教学资源方面达到了一定条件的情况下才会正式设置相应的专业。我国长期沿用"职业—专业—课程"的专业设置模式,先设置专业,再设定专业教学下的课程内容。以上两种模式虽然顺序不同,但都反映了社会职业的变化对学校专业建设的影响。

二、职业教育专业的职业属性

(一)职业教育专业的职业性原则

职业教育的专业更加强调其职业属性特征,职业是职业教育生存与发展的基础,职业既是职业教育的起点,也是终点。③ 职业教育的专业教学与学习目标是获取相关职业所需要的从业资格,职业及其从业资格的演变是一个动态发展的过程。职业包括两种形式:社会职业和教育职业。教育职业其实就是职业学校的专业,教育职业的产生来源于社会职业,是对从事社会职业所需要知识的组织安排,其不强调知识的深度,而主要着重于岗位中对知识的运用。④

从社会学角度分析,职业学校的专业与社会的职业岗位工作紧密相关。⑤ 从主要发达国家职业教育专业产生的比较分析来看,其与依据学科分类意义上建立的专业不同,职业教育专业的划分、专业目录的形成主要运用的是职业分析的方法,是对职业岗位(群)所需知识、技能的一种科学编码。⑥

---

① 赵康.专业、专业属性及判断成熟专业的六条标准——一个社会学角度的分析[J].社会学研究,2000(5):30-39.
② 冯向东.学科、专业建设与人才培养[J].高等教育研究,2002(3):67-71.
③ 姜大源.基于职业科学的职业教育学科建设辨析[J].中国职业技术教育,2007(11):8-16.
④ 姜大源.职业教育教学思想的职业说[J].中国职业技术教育,2006(22):1.
⑤ 姜大源.职业教育学研究新论[M].北京:教育科学出版社,2007:16-17.
⑥ 姜大源.基于职业科学的职业教育学科建设辨析[J].中国职业技术教育,2007(11):8-16.

（二）职业教育专业与职业的对应关系

职业教育的专业有别于普通教育的学科专业，而且，虽然"教育职业"与社会职业有一定的联系，但是也并不完全等同于社会职业。我国职业教育的专业建设由教育部颁发相应的专业目录统一管理，专业与职业之间的对应性关系在新版的中、高职专业目录中均得以体现。

教育部颁布的《中等职业学校专业目录》（2010）中，专业分为19大类，共包括321个专业和920个专业（技能）方向，与原专业目录相比，增加了"对应职业（岗位）""职业资格证书举例""继续学习专业举例"的对应性目录。如教育部专业目录中"100900口腔修复工艺"专业对应职业为：33-182义齿成型制作工、33-184义齿模具工，相应的职业资格证书是口腔医学技士、义齿成型制作工、义齿模具工，继续学习专业有高职层次的口腔医学技术和本科层次的口腔修复工艺学，体现了不同层次的专业与职业的联系和对应关系。

在高职教育专业目录调整方面，根据《教育部关于开展〈高等职业学校专业目录〉修订工作的通知》（教职成函〔2013〕6号）要求，目录修订工作参考了《国民经济行业分类（2011）》《三次产业划分规定（2012）》《中华人民共和国职业分类大典（2015版）》《中等职业学校专业目录（2010年修订）》《普通高等学校本科专业目录（2012年）》等，《普通高等学校高等职业教育专科（专业）目录（2015年）》分为专业大类、专业类和专业三级，原则上专业大类对应产业，专业类对应行业，专业对应职业岗位群或技术领域。与原《目录》相比，专业大类维持原来的19个不变，排序和划分有所调整；专业类由原来的78个调整增加到99个；专业由原来的1170个调减到748个；列举专业方向746个、主要对应职业类别291个、衔接中职专业306个、接续本科专业343个。而且，修订后的《目录》在体系结构上做了较大调整，同样设置了"专业方向举例""主要对应职业类别""衔接中职专业举例""接续本科专业举例"等四项内容。目录的调整旨在通过推动专业设置与产业需求的对接，促进高等职业教育更好地服务经济社会发展和人的全面发展。

三、职业教育专业的职业性内涵

（一）职业教育专业的划分以职业分析为基础

在专业建设的一系列环节上，由专业划分形成专业目录，专业划分是专业设置的前提，专业的增减、专业规模的大小以及专业布局的调整等都是在现有专业设置的基础上进行的。职业分析法是根据专业与职业的关系导出的最基本的方法，国际上，德国、美国职业教育的专业划分，都是采取的职业分析的模式。这种分析方法适用于政府教育主管部门、地区学校联合体开设新专业或调整专业结构，具有系统设计的性质。在具体的运用职业分析方法对专业进行划分的过程中，德国采用的是职业性方案的设计方法，美国俄亥俄州首先通过对众多的社会职业按其共同特征或相似程度进行归类，找出共有的基础知识和技能，从而建立起相应的专业或专业方向。[1]

（二）专业的培养目标以体现职业功能为导向

职业有两大功能，即个人功能和社会功能。首先，从个人角度来看，职业功能主要体现

---

[1] 姜大源.职业教育专业划分的方法[J].职教通讯，2002(7)：5-8.

为以下方面。一是获得了基本的生存保障收益。职业的首要功能的表现形式为：职业是个人在社会劳动中从事具体工作的体现，个人因此而获得经济收入。二是获得职业生涯的发展和自我实现性收益。个人通过从事职业劳动，不仅获得经济收益，而且也可能代表并象征着个人的名誉，获得相应的权力和地位等。三是获得理想的生活状态，使得个人价值和社会贡献相结合。即个人还可能由于从事的职业能够使其充分发挥能力特长，不仅实现了个人的自我价值，促进了个性的发展，也由此成为个人服务贡献社会的途径，个人的职业劳动同时也是在为社会做贡献并创造财富，从而为社会的存续奠定物质基础。其次，从社会角度来看，社会是人类活动的场所，人们通过职业工作的形式而存在，从这种意义上说，职业以其存在形式和职业活动也构成了人类社会的存在和社会活动。① 职业教育的专业与职业有着密切的联系，根据职业性原则划分的专业，具有职业定向、生计主导和社会保障的功能。② 按照功能论的视角，某种职业类型和职业群体的存在，要以其在特定历史时期发挥的社会功能为基础。③ 例如医生、律师等职业人员以其提供的专业性服务为功能表现，在个人劳动成果不具有直接的成果体现的情况下，如流水线上的生产操作工人，个人职业功能的发挥是通过组织劳动来实现职业满足社会需求的功能。

（三）专业的教学以职业岗位的工作过程为方法

职业教育的专业教学是实现对技术的学习和掌握过程，对技术的理解有广义和狭义之分，除了某些反映自然规律和技术工具客观性的理解，技术的存在同现实的职业劳动关系密切，包括劳动过程中体现的主观能动性较强的经验性知识。然而在职业教育的专业教学实践中，专业课的教学以理论教学为主，专业教学内容类似于普通教育中基础学科性质的原理和公式，脱离了与学生将要从事的职业劳动岗位实践的联系。即专业课的理论教学以学科知识的系统性为目标，注重传授有关的技术知识，忽略了理论知识与实际的职业劳动过程之间的联系。技术工人应掌握的知识是有关生产过程监督保障以及操作程序优化等方面的劳动过程知识，不同于工程师的设计和计划知识，与熟练工人单纯的操作性知识也不尽相同。职业教育学和工业心理学的研究表明，技术工人工作中所需要的知识、技能和处理问题的能力多数是通过其工作实践中的学习和交流获得的，属于工作经验性知识。然而这种经验性的知识也并非通过工作自动获取，而是需要在职业教育的专业理论教学与职业劳动实践过程之间建立恰当的联系，以劳动过程系统化的专业教学代替学科系统性的知识传授。④ 所谓工作过程是指由工作人员在工作场所中，通过运用相关的工作资源来完成一项工作任务并获得工作成果的系列活动。可见，工作过程是对人的复杂职业行动系统的科学分析。虽然不同职位、教育背景和工作经验的人从事的工作任务不同，但他们完成工作的过程可以归纳为大体相同的基本结构，包括明确任务、计划、决策、实施、控制和评价与结果记录，工作过程系统化的教学就是在结构完整的工作过程中，学生经历完整的过程解决专业的问题，获得工作知识，掌握操作技能，进而实现能力的提升。⑤

---

① 金雁.高职人文教育的现实困境及路径重构[J].高等教育研究,2012(1):71-75.
② 姜大源.论职业教育专业的职业属性[J].职业技术教育,2002(22):11-12.
③ 王博.现代社会职业存在的模式探析[J].职教通讯,2010(3):19-23.
④ 赵志群.对职业技术教育专业教学的理论思考[J].职教通讯,1997(12):8-11.
⑤ 赵志群.职业教育工学结合一体化课程开发指南[M].北京:清华大学出版社,2009:34-36.

第二节　产业发展与职业变化

职业是社会分工的结果,随着社会的发展和技术的进步,在分工的类型、范围和领域等方面也经历了长时期的演变,既包括产业间的横向分工,也有发生在产业内部的纵向分工,分工的范围从个人分工走向企业分工、地域分工甚至国际分工等,分工形式的变化也决定了职业变化速度的加快和职业多样化的产生。

从影响职业变化的因素看,职业变化主要受到产业变动的影响,职业结构派生于产业结构,产业的技术特点决定了对劳动力的需求,从而产业在不同区域的分布也影响了职业的地区分布和需求。随着未来产业的发展,职业的种类、新旧职业的更替以及新的职业岗位对从业人员的要求等方面都将发生很大的变化,成为职业教育专业变革的基础。

一、分工与职业变化

(一)职业是分工的结果

职业是社会分工体系的一个环节,是社会生产活动的一部分,每一个劳动者都处于一个劳动者的集体中,通过一定的职业活动与他人发生联系。分工是职业产生的前提,职业是分工的结果。一般而言,社会生产力发展水平越低,职业种类相应也较少。随着生产力水平的进步,职业的种类不断增加。斯密曾以大头针的制作为例,指出按圆头和用白粉擦亮大头针都是一种专门职业。[①] 说明了分工的深入,大头针的生产被细分为很多工种。随后,斯密又作出了进一步的解释,指出人们职业工作的不同不是由于天赋的差异,而正是劳动分工的结果。"如果没有以物易物、物物交换和交换的意向,就不会有引起人们天赋产生巨大差异的不同职业了。"[②]

人类社会的三次大分工,形成了经济领域的基本分工体系。在此基础上,工业、农业、商业的相互作用引起各部门内部的进一步分工,形成了社会分工的复杂体系,从而也形成了多种多样的职业。第一次社会大分工产生于原始社会时期,人们在采集的过程中发现了植物的生长规律,从而开始进行有意识的农作物栽培活动;在渔猎的过程中发现有些动物可以驯养并繁殖,于是出现了原始畜牧业。随着农业和畜牧业的发展,原始社会后期专门从事农业生产和畜牧业生产的人员产生,即农业职业工作者出现。第二次大分工为手工业与农业的分离提供了物质条件,相应地出现了手工业从业者。第三次大分工形成商业,由此带来了生产劳动和非生产劳动的分离,于是一部分人从事生产性职业,而另一部分人得以开始从事非生产性职业,即商人。如在我国西周时期,已出现专门的市场交易的管理职官。在城中的"市"内,交易由"司市"和其他各种职务的职官来管理,分工已经相当细致和规范。[③] 因此,三次社会分工及其内部分工的复杂体系,也由此形成了多种多样的职业。

随着社会的发展,社会管理职业不断加强,专门的社会公共事务管理部门与相关职业得以出现。"除了自由人和奴隶之间的差别外,出现了富人和穷人之间的差别——随着新的分

---

① 亚当·斯密.国富论:国民财富的性质和起因的研究(上)[M].谢祖钧,译.北京:新世界出版社,2007:4.
② 亚当·斯密.国富论:国民财富的性质和起因的研究(上)[M].谢祖钧,译.北京:新世界出版社,2007:13.
③ 余鑫炎.中国商业史[M].北京:中国商业出版社,1987:29.

工,社会又有了新的阶级划分。"[①]进入资本主义社会,市场经济自由发展,政治职能占据主要地位,需要运用国家机器保卫国家安全和必要的社会法律秩序,军队等职能部门不断壮大。此后,政府权能体系不断扩张,经济社会管理职能在体系中越来越重要,管理机构与工作人员规模不断增长。而随后的管理体制改革中,更多的政府职能开始推向社会,由非政府性社会公共组织承担部分管理职能,又造成了非政府组织工作人员的增加(见表3-1)。

表3-1 职业阶层与劳动分工的对应关系

职业阶层	劳动分工	权威等级
国家与社会管理者	中高层白领	中高层管理者
经理人员	中高层白领	中高层管理者
私营企业主	中高等或低层白领	中高层或基层管理者
专业技术人员	中高层白领	自主从业者或者有一定自主性的被管理者
办事人员	低层白领	基层管理者或被管理者
个体工商户	低层白领、技术蓝领、非技术蓝领或纯体力蓝领	基层管理者或被管理者
商业、服务业人员	技术蓝领、非技术蓝领或纯体力蓝领	基层管理者或被管理者
产业工人	技术蓝领、非技术蓝领或纯体力蓝领	基层管理者或被管理者
农业劳动者	技术蓝领、非技术蓝领或纯体力蓝领	自主从业者
城乡无业、失业、半失业者	—	—

资料来源:陆学艺.当代中国社会流动[M].北京:社会科学文献出版社,2004:7-8.

(二)技术分工与社会分工

在人类社会初期,劳动者的工作不是完全固定的,经常随时做出改变,往往一个人承担多种任务。这种简单分工形式的出现,一定程度上促进了劳动生产率的提高,推动了社会的发展,因此随着生产力的发展,这种分工形式逐渐得以确定和巩固。

随着社会的进步和经济的发展,分工和专业化也表现为不同的层次和形式。正是由于分工和专业化导致劳动生产率的提高,此种条件下导致企业的出现[②]。同时,在企业内部,根据劳动者自身所拥有的要素条件以及自身的优势而从事不同的职业工作岗位,又形成了企业内部的分工。因此,从这个层面分析,分工表现为企业内分工和企业间分工。其中,企业内分工又称组织分工(organisational division of labour)或技术分工(technical division of labour),技术分工形成了企业内等级制的组织结构;企业间分工又被称为社会分工(social division of labour),是分工范围扩大化的表现,企业间的分工促进了市场的发展和规模的扩大并导致专业化贸易的出现。[③]

[①] 卡尔·马克思,弗里德里希·恩格斯.马克思恩格斯选集(第4卷)[M].北京:人民出版社,1972:160.

[②] Yang X, Ng Y. Theory of the firm and structure of residual rights[J]. Journal of Economic Behavior & Organization,1995,26(1):107-128.

[③] Vincent-Lancrin S. Adam Smith and the division of labour: is there a difference between organisation and market? [J].Cambridge Journal of Economics,2003,27(2):209-224.

马克思把工场手工业内部的分工称为"个人的分工",即企业内部的分工;把社会内部的分工叫作"一般的分工"。从分工的演进过程来看,社会化大分工是在原始自然分工的基础上逐步出现的,社会分工是生产力发展推动的结果,而反过来又通过提高生产效率促进生产力水平的进一步提升。从两种分工的关系来看,工场手工业分工是社会分工的一种表现形式,是生产发展到一定阶段需要的产物,而工厂手工业分工出现以后,又丰富和深化了社会分工,从而不断推动社会分工的继续发展。总而言之,社会分工发展的趋势表明,随着分工的深入,分工的层次逐渐增多,产业被逐步细分乃至从产业分工走向企业分工。

(三)地域分工与产业分工

自然分工的另一个表现是在地域资源差异基础上形成的地域分工,从空间角度来说,分工与专业化的地域层面表现即是地域分工,地域分工是社会分工的空间形式,地域分工的结果是地方的专业化发展,各个不同的地区按自己的优势实行专业化生产。如一个地区拥有大量的矿产资源,而另一个地区农作物产品丰富,这是建立在要素禀赋差异理论上的分工体系。比较优势理论认为,即使一个地区在两类产品的生产上都较另一个地区便宜,占有绝对的成本优势,但也一定会存在相对成本差异,即通过两类产品的成本比较,必然有一个地区生产此种产品相对更便宜,换句话说,每个地区都有称为比较优势的产品,于是两个地区可以分别专业化生产自己具有比较优势的产品,进行贸易交换。

后来,人们逐步发现现实中有相当一部分贸易并不能用比较优势理论进行解释,比较优势理论只能解释产业间的分工与贸易,很难解释产业内的分工与贸易。如每个产业都有许多企业组织,企业都生产着不同质的产品,但一个国家不可能生产各种花色品种,而只能专业化地生产同一组产品内的某些产品进行产业内贸易。此时由于商品种类的减少,从而能在更大规模上从事生产,提高了生产效率和降低了成本,这就是产品生产中的规模经济效应[1]。

在当今世界分工体系中,产业内分工扮演着重要角色,而且进一步演进为产品内分工,即产品的价值链分工。随着技术的进步,产品技术含量不断增加,使得价值链上的增值环节变得越来越多、分工越来越细,这种生产与贸易的分工形态,本质上是生产环节的纵向分布、企业上下游的垂直关联,表现为围绕价值链体系形成的垂直专业化(vertical specialization)。

二、职业与产业的关系

(一)职业分类与产业分类

1. 职业分类

我国有关职业分类的正式标准最早于1986年第一次颁布,《职业分类与代码》(GB 6565—1986)将全国范围内的职业划分为八个大类,大类下又分为63个中类,中类再细分为303个小类。1992年,原劳动部推出《中华人民共和国工种分类目录》,将当时我国存在的工种合并成为46个大类,共包括4700多个工种,成为职业进一步细分的依据。[2] 1995年1月

---

[1] Paul R Krugman. Increasing returns, monopolistic competition, and international trade [J]. Journal of International Economics,1979,2(9):469-479.

[2] 曾令萍,张元.职业分类体系的建立是人力资源管理规范化的第一步[J].中国劳动,1999(11):21-22.

1日起施行的《中华人民共和国劳动法》要求在明确职业分类的基础上,执行职业资格证书制度。随后,在原劳动部等部委的联合推动下,《中华人民共和国职业分类大典》于1999年5月颁布,与1986年的职业分类比较,新颁布的《大典》在职业大类的数目上保持不变,依旧包括八个职业大类,种类数量增加到了66个、小类扩大到413个,而且在小类下又划分出1838个细类,即职业。为适应职业变化的需要,我国人力资源和社会保障部2010年又启动了对职业分类的修订工作,并于2015年7月颁布,新版《大典》维持原99版《大典》的大类数量不变,对其中几个类型的名称作了适当修订,在中类、小类即具体的职业上作了调整,具体增加了9个中类和21个小类,共减少了547个职业。

2. 产业分类

我国《国民经济行业分类》国家标准于1984年首次发布,中间曾经历过两次修订,2010年,在参照《国际标准行业分类》(ISIC4)基础上又进行了修订并于2011年11月1日施行,将我国国民经济行业分为20个行业①。

3. 职业分类与产业分类的比较

专业分类的基础是职业分类,而非产业分类。职业也可以分为服务性职业和生产性职业,但其与产业划分中的工业、农业、服务业是不相同的,服务业与工业、服务业职业与生产性职业,各自对应于产业和职业的划分,前者是经济学中国民经济构成成分的划分。服务业的职业不全是服务性职业,同样,工业中的职业也不全是生产性职业。同时,两者又具有一定的联系,职业分类可以从产业的分类中获得重要的数据,并以此对发展趋势做出判断②(见表3-2)。

表3-2 职业分类与产业分类的比较

维度	职业分类	产业分类
产生	社会分工的出现,与企业生产经营活动相联系的工种、职务、岗位和工作任务的复杂化	社会经济发展、经济结构的变化、物质财富的增加促使国家需要对本国产业进行分析
对象	企业经济活动和个人职业活动	国民经济结构
内容	职业(工种)与岗位(工作)	人类生产活动
依据	①遵循职业活动的内在规律,客观反映社会劳动分工的实际状况;②跟踪和体现社会经济发展、科技进步和产业结构的变化;③保持开放性和灵活性	①以生产过程与消费过程是否统一为标准;②以生产者离消费者距离的远近为标准;③以产品是否有形为标准
功能	及时、科学、准确地反映经济结构、产业结构、职业结构和生产力发展变革的真实面貌和水平	常被用作判断一个国家经济发达程度或工业化程度的标准
意义	涉及面广,既是职业外在特征的反映,又是职业内在特征的体现	①用劳动力在整个产业分类中所占的比重来衡量一国的经济发展水平;②用三大产业间的变化来衡量一国的发展速度;③三大产业结构的变化同时预示着职业结构的变化

---

① 庄西真.人无高低贵贱,职分三六九等——话说职业分类[J].江苏教育,2013(08):64.
② 石伟平,匡瑛.中等职业学校专业建设与课程开发[M].北京:高等教育出版社,2012:23-25.

（二）职业结构与产业结构

职业不是单独存在的，每一个产业、行业按照一定的技术要求完成一种或多种产品生产，从原材料的采集、中间产品的生产以及到最终产品的出现，由此形成了一系列的生产环节，这些环节即为社会分工体系中的环节，每个环节均有一定的职责或任务，与此相对应的就是职业。劳动分工使得在不同工作环节和职业岗位上配备一定数量的劳动者，由此形成的劳动力配置比例关系就是劳动力的职业结构。一定数量的劳动力配置在各个职业上形成了一定的职业结构，职业结构在一个时期内是稳定的，即职业与劳动者、职业结构与产业结构等之间的关系处于均衡发展状态。但这种结构只是处于相对稳定的状态，随着社会经济的发展和分工的深化而发生变动，职业结构的转变既是职业本身的变化过程，也是劳动力重新配置的过程，职业结构是一个动态发展的过程。

产业结构与职业结构之间存在相互影响和制约的关系，一方面，产业结构对职业结构具有重要的决定性作用；另一方面，职业结构也会反作用于产业结构。首先，产业结构对职业结构的决定性作用表现在：不同产业、行业对其内部某种占据主导型的从业职业人员的比例要求不同，从而也就影响了产业内从业人员的职业结构，例如，农林类职业人员与第一产业，生产操作人员与制造业。产业结构的调整升级也必然会带来相应的职业变化，如制造业的升级对劳动者技术要求的提高，以及产业价值链升级对研发人员和销售服务人员的需求量增多，同时伴随着其他大量新型职业的出现，这些都会引起职业结构发生改变。其次，职业结构对产业结构的反作用力表现为职业结构阻碍或促进产业的转型升级。职业在一定程度上来说具有稳定性和延续性等特征，劳动力掌握了某种知识技能从而成为某种职业的劳动者，一定时期之内应该是相对稳定的，同时这也有利于个人职业经验的积累和岗位技能水平的提高，对维持社会的稳定也具有一定的作用。但随着分工的深入发展和技术进步等因素的影响，促成了个人职业转换的发生。在职业转换过程中，一方面原有的职业岗位常常与个人的社会地位乃至与更深层次的社会心理等因素相联系，这些因素具有一定的滞后性，而且职业转换的发生又会涉及需要劳动者进行人力资本的再投资[①]，不仅需要物质、资金方面的投入，也需要时间及精神等方面的投入，从而给职业转换造成更多的阻力，不利于产业的发展。

（三）产业从业人员的职业分布

产业从业人员的职业分布是指产业内的从业人员在各职业的占有比例，通过分析产业的职业人员分布可以发现各产业行业所需求的主要职业。例如，根据1982—2000年的三次全国人口普查数据计算结果(见图3-1)，在第一产业中从事农林牧渔、水利业生产人员的比重分别为97.33%、97.64%和99.49%，第二产业中从事生产、运输设备操作人员占有的比例分别为79.12%、75.88%和76.47%，均显著高于产业内其他类型职业人员的比例，即可以认为其为相应产业所需要的主要职业人员。在第三产业中，1982年专业技术人员的比例最高，商业服务人员次之；1990年商业服务人员比例最高，专业技术人员稍次之；2000年商业

---

① 陈凌,张原.职业——产业就业结构变迁规律研究——来自中国1982—2000年数据的实证分析[J].技术经济,2007(9):1-8.

服务人员最高,且大大高于第二位的专业技术人员。一方面,可以认为两者共同构成第三产业的主要职业需求;另一方面,也说明随着社会的发展变化,商业服务业逐渐成为第三产业中的关键职业。

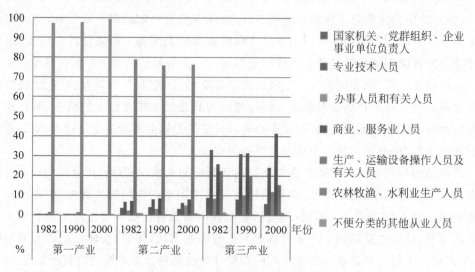

图 3-1　我国产业从业人员的职业分布及变化情况

数据来源:根据全国历次人口普查数据计算。

通过从更加细分的角度分析不同行业的职业人员占有的比例,可以进一步明确产业内行业需求的关键性职业人员需求。由于 2010 年的全国人口普查数据的统计资料中,没有关于行业内职业人员的分布统计情况,因此以 2000 年的全国人口普查数据作为分析依据。从第二产业中的制造业来看,生产操作人员占 76.17%,居绝对优势地位,其次为商业服务人员为 8.65% 和专业技术人员占 5.61%。从第三产业内部行业来看,交通邮电行业占有比例较高的职业依次是生产操作人员 62.63%、商业服务人员 16.72%、办事人员 10.75%;商业餐饮业占有比例较高的职业依次是商业服务人员 84.90%、生产操作人员 4.37%、负责人 4.02%;金融保险业占有比例较高的职业依次是专业技术人员 73.24%、办事人员 12.81、负责人 6.51%;房地产业占有比例较高的职业依次是商业服务人员 27.87%、办事人员 25.96%、生产操作人员 19.00%;社会服务业占有比例较高的职业依次是商业服务人员 57.53%、生产操作人员 23.32%、办事人员 7.76%(见表 3-3)。

表 3-3　我国产业细分行业从业人员的职业分布比例情况　　　　单位:%

行业分类	职业分类						
	国家机关、党群组织、企业事业单位负责人	专业技术人员	办事人员和有关人员	商业、服务业人员	生产、运输设备操作人员及有关人员	农林牧渔、水利业生产人员	不便分类的其他从业人员
农林牧渔	0.06	0.18	0.06	0.10	0.11	99.49	0.003
采掘业	3.30	6.16	5.84	5.95	75.13	3.37	0.25

续表

行业分类	职业分类						
	国家机关、党群组织、企业事业单位负责人	专业技术人员	办事人员和有关人员	商业、服务业人员	生产、运输设备操作人员及有关人员	农林牧渔、水利业生产人员	不便分类的其他从业人员
制造业	3.26	5.61	4.97	8.65	76.17	1.18	0.16
电力煤气	4.07	12.96	10.15	14.37	57.51	0.72	0.22
建筑业	2.70	7.41	3.37	3.47	82.84	0.11	0.10
地质水利	5.84	25.87	13.00	5.86	29.31	19.94	0.18
交通邮电	2.29	5.08	10.75	16.72	62.63	2.44	0.09
商业餐饮	4.02	3.42	2.91	84.90	4.37	0.31	0.06
金融保险	6.51	73.24	12.81	3.75	3.61	0.02	0.05
房地产	9.71	16.88	25.96	27.87	19.00	0.45	0.14
社会服务	3.38	6.85	7.76	57.53	23.32	0.99	0.18
卫体福利	2.56	80.67	4.45	7.85	4.20	0.19	0.07
教育文化	3.72	83.48	4.99	4.31	3.27	0.15	0.06
科学研究	6.33	50.43	16.09	5.78	19.78	1.41	0.18
机关社团	19.51	16.28	49.40	4.22	6.92	3.54	0.12
其他行业	11.73	18.18	24.76	15.66	20.21	0.94	8.51

资料来源：根据2000年第五次全国人口普查数据计算。

三、产业发展对职业变化的影响

（一）职业结构的变化

在当前世界激烈的竞争中，随着人力资本理论的提出，在社会重视物质资本向人力资本演进的过程中，劳动力资本化已成为知识经济和信息社会资本变动的重要趋势。传统的农业社会和工业经济社会中，劳动力、土地等自然资源，物质资本和劳动力资源成为经济活动的要素和经济增长的主要动力源泉。在知识经济社会，人力资本积累、技术进步成为经济体系的内生变量，是企业和国家最宝贵的资源财富。人力资源作为地区独特的资源要素，是区域产业集群发展形成不可或缺的条件。我国产业集群主要是以劳动密集型产业和传统手工业为主，如纺织、服装、制鞋、五金制造等，利用的是当地劳动力、地租廉价的优势，随着科技的发展，不少企业购置了高精尖设备，但在设备的操作使用、维护保养方面缺乏专门的技术技能型人才。

根据配第·克拉克定理，产业结构变动的一般规律是，国民收入水平和劳动力的比重随着经济的发展，会逐渐从第一产业向第二、第三产业上升和转移。随着技术的进步及生产工具的改进，职业结构发展表现为从事第一产业和第二产业的人员比例逐渐降低，而从事第三产业的人员比例逐渐升高。随着信息技术的发展,从事第三产业中新兴服务业,如信息、咨询等行业的人员比例逐步增加。产业结构的变化引起职业结构变动可以归为以下几种效应:一是增加效应。即由于新职业的产生引起劳动力需求量的增加。二是减少效应。由于产业结构的变化导致对劳动力需求量的降低,使得职业数量减少,甚至某些职业消失。三是替代效应。[①] 如人工智能将代替许多简单操作技能职业。我国改革开放以来,随着产业结构的调整变化,职业结构也出现了比较大的变化,总体上从事农业人员的数量大幅度减少,商业、服务业人员比例增长迅速。将2020年全国人口普查统计数据与往年统计数据比较显示(表3-4和图3-2),生产人员数量大幅提高,专业技术人员和办事人员均有增长,但幅度偏小。一方面与我国制造业产业的崛起密切相关,体现了产业结构与职业结构变动的基本规律;另一方面,专业技术人员数量的增加,也反映了职业变化中技术含量和水平的提高,职业趋于高级化发展。

表3-4　1982—2020年我国职业结构变化情况

年份	数量和占比	国家机关、党群组织、企业事业单位负责人	专业技术人员	办事人员和有关人员	商业、服务业人员
2020	数量/人	1 447 913	6 840 341	4 558 980	22 229 031
	占比/%	2.21	10.42	6.95	33.87
2010	数量/人	1 268 641	4 890 941	3 093 184	11 572 490
	占比/%	1.77	6.84	4.32	16.17
2000	数量/人	1 115 723	3 814 175	2 071 048	6 136 967
	占比/%	1.67	5.70	3.10	9.18
1990	数量/人	11 328 317	34 393 821	11 275 891	34 983 786
	占比/%	1.75	5.31	1.74	5.40
1982	数量/人	8 130 787	26 457 518	6 788 347	20 921 102
	占比/%	1.56	5.07	1.30	4.01
2020	数量/人	16 926 484	13 471 418	157 619	65 631 786
	占比/%	25.79	20.53	0.24	100.00
2010	数量/人	16 087 734	34 565 439	69 560	71 547 989
	占比/%	22.49	48.31	0.10	100.00
2000	数量/人	10 584 962	43 107 741	44 273	66 874 889
	占比/%	15.83	64.46	0.07	100.00
1990	数量/人	98 125 481	456 819 731	317 679	6 447 244 706
	占比/%	15.16	70.58	0.05	100.00

[①] 郭宇强.产业结构与职业结构的互动关系分析[J].商场现代化,2007(7):340-341.

续表

年份	数量和占比	国家机关、党群组织、企业事业单位负责人	专业技术人员	办事人员和有关人员	商业、服务业人员
1982	数量/人	83 369 044	375 380 478	458 342	521 505 618
	占比/%	15.99	71.98	0.09	100.00

资料来源：根据历次全国人口普查数据计算。

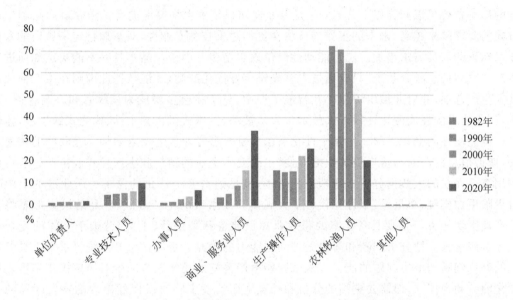

图 3-2　1982—2020 年我国各职业从业人员比例及变化情况

（二）职业分布的变化

产业与职业结构的相互影响及其演变过程表明，在产业结构不断调整的过程中，引起了不同职业从业人员分布的变化。

一是不同产业对从业职业人员的素质水平要求不同，如劳动对象的特点、生产工具的使用方法、生产工艺的操作流程等。① 这就体现为职业的技术性特点。职业的技术性一方面是指从事某种职业性的工作需要相关的理论知识和专门的技术技能，是从业者运用劳动手段作用于劳动对象的方式方法，这些知识和技能需要通过日积月累的过程逐渐形成，可以通过文字、图像、符号等记录下来并经过培训、学习等方式传授给其他人员。另一方面是指随着技术的发展，劳动工具得到改进，劳动方法不断更新，对劳动对象的认识也日益熟悉深入，职业的技术性要求也不断发生变化。因此，职业技术性既体现为与职业有关的理论知识，也随着职业工作实践本身而不断更新发展。"由于分工……不久就会找出完成他们自己具体工作的比较容易和比较迅速的方法。"②这种"改进"就是职业技术性不断提升的体现。不同的职业具有不同的技术要求，有的职业只需要经过简单的学习就可以掌握，有的则需要经过

---

① 郭宇强.我国职业结构变迁研究[D].北京：首都经济贸易大学，2007：181.
② 亚当·斯密.国富论[M].唐日松，等译.北京：华夏出版社，2005：10-11.

专门的学习才能够满足职业需要。

二是不同地域的分布。不同的地区由于自然禀赋、地理位置等自然资源和历史传统不同,从而形成不同的地区产业结构,不同产业对于劳动从业人员的需求也因此会有所差异。比如旅游业发达的地区,商业服务业人员就会比较多;高技术产业为主的地区,专业技术人员需求较大;制造业较为发达的地区,从事生产运输的职业人员则相应比较多。

(三)职业岗位类型的变化

首先,从未来产业发展趋势和生产方式变化等方面综合而言,产业的发展对职业岗位变化的影响主要可以归为以下几点:一是专业性知识技术水平要求提高。随着对产品和生产方式的要求越来越高,未来的工作岗位将会更加注重技术专业性,对掌握特定领域内的专业技术知识的人员需求增加。二是能动性岗位逐步增多。由于产品本身并不能决定如何进行生产,"物理信息融合系统"只有通过人首先设定好优化准则,才能按照此准则在生产框架内确定生产选项,并对此做出评估。在智能工厂中,员工将会主要成为操纵者和协调者。[①] 因此,产业技术的发展变化使得未来技术工人从被动、机械式操作到主动、优化式的生产,体现了岗位能动性的变化需求。三是个性化需求对复合型专业人才要求增加。互联网的快速发展,使得信息的沟通与传递更加快捷方便,也改变了企业的销售和生产模式。生产企业可以利用客户在线的大数据分析进行精准化营销,满足消费者个性化的需求。产业链的上中下游界限更加模糊,小批量、个性化代替了大规模和流水线的生产方式,产品的最终形态将与生产者密切相关,[②]需要具备丰富的跨专业知识储备和集设计、生产、营销于一体的复合型人才。四是独立性分析判断和解决处理问题能力的培养。智能化生产系统要求个人具备独立的分析判断和解决问题的能力。未来智能生产系统的建立逐步减少对简单操作和重复性操作的劳动力需求,但需要更高的分析和处理生产情境中临时或偶然出现的突发问题的能力,而且新型的生产方式不仅要求员工对岗位工作中日益增长的复杂性有一定的掌控能力,也对忠诚的岗位精神和负责的工作态度等职业品质提出了更高的要求。

其次,从产业内部来看,产业技术的进步通过对职业要素的不同作用,使得职业发生不同的变化。有的职业在技术进步的作用下,劳动工具和生产工艺发生改变,生产的复杂程度加大,知识与技能的要求增加,成为知识型与技能型的职业,如各种专业技术工作人员。另外一些职业对知识和技能的要求比较低,如生产领域的普通生产工人和服务行业的一般服务人员。技术进步拉动职业结构高级化和逐步代替低级职业岗位。技术进步促进新职业的产生,并且新职业的产生与发展具有连锁性效应。技术进步不仅直接生产出特定技术领域的技术类职业,还通过伴生或匹配产生其他种类的职业。不同行业根据自己的技术特性和技术需要,形成不同的职业需求特点。

总体而言,一方面,随着工业化、机械化程度越来越高,提供实物产品的第一、第二产业,发展趋势是"减员增效",即生产效率提高,劳动力减少,节余出来的劳动力大量进入了第三产业。因此,为生产提供服务的商业和服务业也得到了迅速的发展。另一方面,伴随人们对生活质量的要求提高,现代服务业兴盛。在第三产业的发展"增员提质"的背景下,现代服务

---

① 乌尔里希·森德勒.工业4.0 即将来袭的第四次工业革命[M].邓敏,李现民,译.北京:机械工业出版社,2014:46-47.
② 曹雨平.职业教育如何应对"中国制造2025"[N].中国教育报,2015-7-16(11).

业和商业领域衍生出了分工越来越精细、专业化程度越来越高的新职业。具有如下特点：一是新职业大量集中于现代服务业。二是职业化程度越来越高，如传统的农民分化为农技师、农艺师、农场经理人、农作物种子加工员等。三是未来职业与互联网关联度越来越高。移动互联网技术日新月异，一大批新兴职业依赖其产生并发展。包括数字视频策划制作师、网络课件设计师、网络编辑员，而尚未列入官方发布的，还有网络写手、电子商务师、职业玩家等。

第三节 分工、集聚与专业化

分工的发展在提高效率的同时，也由于分工层次的逐步深入和分工体系的扩大，从而增加交易成本，并受到市场范围大小的限制。此时企业间的分工会取代企业内分工的发展，从而引起企业的集聚，因此分工发展另一个表现就是产业集聚现象的出现。集聚经济的实质是企业内部分工的外部化，是分工演进中不同层面发展的结果。集聚产生自我强化的需求关联和成本关联作用，扩大集聚内部企业的产品市场，而且，依靠其地理位置的邻近，利用区域性市场的特点，增大市场联系的稳定性，减少交易费用，因此产业集聚有利于促进分工的深入发展，并引起区域内专业化发展程度和水平的提升。综合而言，集聚既是分工的结果，又促进了分工体系的延伸和发展。产业集聚经济下，分工出现了新的趋势特点。

一、分工与集聚的辩证统一

（一）分工是集聚形成的前提

一方面，分工与集聚关系密切。柏拉图认为人的多种多样需要的满足是分工产生的根源，分工形成了人们之间的相互关系。由此柏拉图试图从分工中寻找国家产生的解释，即由于分工使人们相互交换和服务，从而紧密地联系在一起，由此而聚集形成了国家。[1] 虽然柏拉图没有真正地揭示国家的起源和本质，但其对分工思想的阐释以及对以后分工理论的发展有着深刻的影响。

马歇尔在《经济学原理》中对分工理论进行了开拓和深化，提出了规模经济和报酬递增原理。首先，产业集聚初步形成后，通过辅助行业的发展以及熟练工人的增加，形成专业化市场，实现外部规模经济；其次，企业通过扩大自身生产规模，并努力降低成本，形成内部规模经济；最后，股份制、合伙制等组织形式有利于企业家分散经营风险并最终实现报酬递增。"有了分工，个人才会摆脱孤立的状态，而形成相互间的联系；有了分工，人们才会同舟共济，而不一意孤行。"[2]

另一方面，分工与专业化也是两个密不可分的概念，其从最初的意义上是指专注于一种经济活动，每个人都为了自己的利益而劳动，却同时也为他人节约了成本，带来了利益。这里的分工和专业化都是就个人而言的，专业化指个体专注于从事某种生产活动，分工体现为多个劳动者之间的专业化协作关系。在一个专业化的社会，专业工作者可以不问其他而专门创造和积累自己的知识，当所有个体都如此专业化的时候，整个社会所掌握的生产技术可

---

[1] 宋亦平.分工、协作和企业演进[D].上海：复旦大学，2003：188.
[2] 埃米尔·涂尔干.社会分工论[M].渠东，译.北京：生活·读书·新知三联书店，2000：24.

以无数倍地扩大,带来社会的进步和经济的腾飞。

区域内专业化的分工生产一方面会受到企业生产技术是否可分的影响,同时又与区域内生产的社会分工程度有关。社会分工程度越高,说明产业区内所有权并非集中于少数的企业手中,而是分散在众多的企业之间,因此也就表明专业化生产的企业数量较多,形成大量的企业集聚情况。[①]

(二)企业内外部分工的转化

企业内部的分工由于是在同一个产权主体下进行,各部门之间,甚至不同分工岗位的劳动者之间,其协作关系可以根据提前安排的计划进行,从而有效避免由于市场机制的失灵而产生的影响;而社会分工则是由产业区企业形成的分工,企业具有相互独立的产权,其间的合作必须通过市场交换才能实现。此时,只有在市场运行规范的情况下,企业间的竞争才能够提高产品质量并降低生产成本,从而形成区域内社会分工外部效应。[②] 与此同时,社会分工是否能够持续进行取决于由于分工所产生的交易效率的高低,一方面,分工层级的增加会导致交易费用上升、交易效率下降,则社会分工难以持续;另一方面,如果外部条件较好,分工的深入并没有使得交易效率降低,那么分工将进一步横向和纵向发展,企业间的分工将逐步扩大,从而促进并吸引更多企业到该区域集聚。[③]

随着企业间分工的发展,生产专业化程度越来越高,企业之间的贸易不再局限于产业发展初期阶段的成品贸易关系,而是转向生产纵深环节和产品高附加值的专业性加工或服务之间的贸易。在这种情况下,区域的发展已经不是如何运用区域自身拥有的自然条件或出台专项优惠政策等来选择、发展支柱产业,以形成或支撑带动区域内其他相关产业的发展,而是如何通过建立有效的市场机制,促进分工的发展形成产业集群,推动专业化的特色产业区建设。[④]

二、集聚——企业内部分工的外部化

(一)集聚是分工的空间组织形态

由上文的论述可知,分工能够提高生产的效率和生产的专业化程度,提高产品的质量,从而成为报酬递增的源泉,但同时分工深入发展和层次的增加又会带来交易成本的增长和交易效率的降低,从而破坏分工体系。而且从另一方面来说,报酬递增的实现还需要借助于某种中间经济组织形态作为载体。在人类社会演进中,随着分工的发展,生产组织形态先后主要经历了手工生产、福特制生产组织以及精益生产组织等多种形态。其中每一次生产组织方式的变革都降低了分工可能导致的交易费用的增加,从而使分工不断得以深入持续;同时又通过促进生产效率的提高和专业化水平而形成报酬递增。长期以来,人们研究了分工的各种组织形态,却忽视了分工的空间组织形态。[⑤] 从空间的角度分析,地区内企业的集聚构成了新型的中间组织形态。"经济活动最突出的地理特征是什么?一个简短的回答肯定

---

① 王旺兴.产业集群内企业战略的选择[D].武汉:武汉大学,2004:51.
② 郑胜利.经济体制转轨时期中国产业集群研究[D].福州:福建师范大学,2003:242.
③ 惠宁.分工深化促使产业集群成长的机理研究[J].经济学家,2006(1):108-114.
④ 黄曼慧."闽粤赣"经济区产业集聚研究[D].汕头:汕头大学,2003:60.
⑤ 钱学锋,梁琦.分工与集聚的理论渊源[J].江苏社会科学,2007(2):70-76.

是集中。"① 由此,分工与集聚的内在联系逻辑是:分工是报酬递增的源泉,而集聚是报酬递增实现的空间组织形态。一定程度上可以说,分工的发展促进了集聚的形成;集聚一旦形成,又将有利于分工利益的实现并且进一步促进分工深化。

(二) 集聚拓宽市场范围

"当市场很小的时候,没有人会全身心地投入一种生产。"② 因此,分工的深化发展需要突破由于市场范围所带来的限制,产业集聚能增加市场的广度和深度。首先,产业集聚过程中会出现企业的需求关联和成本关联作用。所谓需求关联一方面表现为由于劳动力的增加导致本地需求的增加,这又会扩大企业的产品供给或吸引新企业进入形成集聚;同时,企业进行生产需要购买许多原材料、零配件等中间投入品以及对地方公共基础设施的需求。成本关联是企业在本地需求增加、扩大产品供给的过程中也会获得更多的利润收益,进而提高工人的工资待遇,相应地降低了生活成本。其次,产业集聚通过降低运输成本和交易费用增加市场的深度。"运输成本的下降是提高市场容量的一条主要路径"③,交易费用经济学认为,通过协商、默契等非正式契约的协调,可以有效地实现费用节约。④ 集聚作为一种中间性组织,由于地理空间上的接近,方便了企业间彼此的交流合作,如面对面的接触和战略信息的详细交流、长期或短期的转包等,降低了合作成本与交易成本。集聚使分工受市场范围限制的程度被大大弱化了,从而促进了分工的进一步发展,实现分工的利益。

(三) 集聚降低交易成本

首先,集聚通过提供有利于分工发展的中间组织形态,从而促进分工的持续,而且,由于集聚的形成,促进了企业分工从企业内部分工转向企业间分工,提高了专业化生产的程度。⑤ 因此,正是集聚的形成带来专业化分工的发展。集聚可以扩大市场范围等外部效应,提高产业集聚区交易效率并降低交易费用。

其次,在企业规模方面,规模成为影响企业专业化生产和分工持续的一个重要因素。对于一些规模较小的企业而言,可能由于专业化生产的成本较高,而难以与生产同类产品的大企业形成竞争,从而影响企业的专业化生产的进行。为此可以认为,企业规模是影响专业化分工发展的前提,单个企业往往由于规模的限制而阻碍了生产分工的深入;而产业集聚区由于集聚了众多的企业,由于彼此联系而扩大市场规模使得中小企业的专业化生产能够得以持续。

为此,产业集聚既可以促进企业内部和外部分工的深入细化,又可以创造规模效应,从而有利于并促进经济增长。

三、集聚促进分工的深化发展

(一) 纵向深入:生产专业化

从产业集聚地区的形成和演变过程分析,产业集群就是分工高度专业化的结果,地区内产业集聚与生产专业化的发展是一个逐步深入的过程。首先,起初阶段,地区内可能只有少

---

① 保罗·克鲁格曼.地理和贸易[M].北京:北京大学出版社,2000:5.
② 亚当·斯密.国富论:国民财富的性质和起因的研究(上)[M].谢祖钧,译.北京:新世界出版社,2007:15.
③ 施蒂格勒.产业组织和政府管制[M].潘振民,译.北京:生活·读书·新知三联书店,1989:33.
④ 钱学锋,梁琦.分工与集聚的理论渊源[J].江苏社会科学,2007(2):70-76.
⑤ 马中东.基于分工视角的产业集群形成与演进机理研究[D].沈阳:辽宁大学,2006:176.

数几家企业从事专门某种产品的生产,此时的生产规模还比较小;随着企业自身生产规模的扩大或者本地同类生产企业的出现又或者是外地企业的进入,都将进一步导致生产规模的扩大,从而能够形成地区内集中化的生产规模的逐步扩大。其次,随着企业集聚的增多,产品专业化生产和市场规模逐渐扩大,为社会分工的进一步分化提供了可能。在专业化产品生产过程中,产品生产专业化又可能会带来上游的供应生产环节的专业化,中间性生产环节逐步从生产中分离出来,包括原材料生产专业化、零部件生产专业化等。我国浙江和广东等东部沿海地区大部分集群都是由中小企业集聚形成的,其性质或是私营或者是家族企业,一般企业规模比较小,雇员数量少,往往只从事产品某一部分或某一具体工艺,甚至是家庭作坊式生产。

(二)横向拓展:服务专业化

随着产业集聚地区生产专业化分工的持续,有关中间产品生产供应环节会逐渐增多,市场规模范围随之越来越大。集聚区内由于同类型企业的集中,随着彼此间联系的增加,会产生在相同业务服务方面对外联系的巨大需求,从而引起相关服务类行业分工的深化,可能会出现大量的专业化服务行业部门或者是出现处理分工关系的机构,诸如会展中心、物流公司、中介机构、咨询公司、专业市场和行业协会等。[①]当地区内企业集聚规模达到一定的程度时,在专业服务部门内部又会被进一步细分,出现更多的专业化分工形式,提供更加优质专业化服务的各类机构组织。[②]相应地出现金融和法律服务,信息提供、经纪代理等中介服务,员工培训和短期进修等教育服务和货物运输、包装仓储等一系列的专业服务。如此,生产的分工与专业化又会催生服务的分工与专业化。

(三)生产组织:柔性专业化

分工使得企业与企业之间、产业与产业之间有了相互联系,分工使得产品价值链在企业内外部不断被拉长,技术上进行工序分解的可能性也越大,垂直方向的分工将进一步深化。当集聚区内的需求达到一定的规模之后,又会促使企业内的生产工序甚至独立为生产企业。[③]另外,水平方向的分工也在强化,因为集聚有强烈的裂变效应,集聚区内往往一家企业会裂变出多家企业,许多新的企业都是原有企业裂变而成的。

集聚是地区内企业的空间组织形式,柔性专业化是对产业集聚区企业新型组织特征的描述。柔性专业化(flexible specialization)是高技术条件下一种新的专业化分工形式,其概念最早是由皮埃尔(Piore)和赛伯(Sabel)于1984年提出来的,多品种、小批量、低成本和短周期是其主要特征。[④]具体而言,柔性组织的主要特征表现为:一是生产管理方式的柔性化,包括生产的高度灵活性、能够满足不同顾客的定制需求、对新技术和外界条件变化的反应快以及管理方式上的多样化和灵活适应性特点。二是企业关系的柔性化,是指生产企业与客户或消费者之间建立的及时联系、反馈需求的生产协作及交易关系。三是柔性化的劳动过程。在柔性化的生产企业中,工人不再仅是技术操作熟练的能手,而是要求更强的学习创新能力、团队合作,信息获取和交流等方面的能力,以快速应对市场变化的需求。

---

① 王静华.产业集群演进的理论与案例分析[D].上海:复旦大学,2007:178.
② 张旭明.产业集群持续成长因素分析与实证研究[D].长春:吉林大学,2008:195.
③ 钱学锋,梁琦.分工与集聚的理论渊源[J].江苏社会科学,2007(2):70-76.
④ 王缉慈.简评关于新产业区的国际学术讨论[J].地理科学进展,1998(3):32-38.

集群演化——职业教育专业集群发展的客观需求

职业教育专业建设强调以服务产业发展为主要目标,围绕地区产业发展设置和调整专业,培养产业结构调整和转型升级所需要的人才。职业教育与经济发展相协调,要求职业教育的层次、专业结构与产业、行业的人才需求相适应,职业教育人才培养质量与经济社会发展对人力资源的素质能力的需求相适应;职业教育的发展不但要满足当前经济与社会发展的需要,更应着眼于未来社会经济发展,要具有前瞻性,即要根据经济增长的需要以及自身发展的规律进行。职业教育专业寻求集群式发展的过程体现在职业教育专业服务于产业集群形成、演变和升级的过程中所发挥的功能作用。那么我们就需要从产业分析入手,充分研究和把握产业集群的演变特点。首先,产业发展经历了什么样的演变过程,产业发展的趋势、形态如何,集群经济会对地区的发展带来什么样的影响?其次,集群模式会经历哪些发展阶段,具有何种特征,引起或促进产业变化发展的核心机制及其内在转化的机理如何?最后,明确产业集群的生成要素、集群发展对人才培养的需求表现等问题,以便进一步研究职业教育的专业建设与人才培养如何适应市场的需求变化,为职业教育的专业建设更好地服务于产业发展寻求规律性的支撑。

第一节 产业集聚期的基础性职业需求

产业集聚的优势是不断积累并增强的,由于集聚区特色产业所产生的吸引力,来自各地的专业从业人员向这种优势地区不断地迁移,从而进一步固化了已有的空间集聚。[①] 除了这种跨地区的人员流动以外,产业集聚孕育而生的当地职业教育和培训机构,则保证了具有专业技能和素质的劳动力的当地供给。

一、产业集聚的形成与发展

产业是伴随社会分工发展而出现的,按照马克思从物质生产的角度对社会分工的分类方法,农业、畜牧业、手工业和商业等产业是一般分工的结果;在此产业分类的基础上,产业

---

① Menger P M. Artistic labor markets and careers[J]. Annual Review of Sociology, 1999(25): 541-574.

内部的持续细分就属于特殊的分工;个别的分工是指企业、工厂内部的分工。① 因此,从分工的视角分析,产业是分工的产物。随着分工发展的深入,产业不断细分,产业发展也呈现出更多特点。

产业发展是指构成产业经济系统的产业门类的增加、规模的扩大和产业的升级,涉及新旧产业的兴衰与更替、单个产业本身的生命周期及其在国民经济中相对地位的变化、产业之间的融合、产业的跨区域转移和空间集聚等。产业发展不同于产业演化,产业演化着重于对产业进程的历史考察,是反映产业经济系统内在运行规律的一个自然过程,不涉及人们的主观价值判断;产业发展强调产业演化从低级到高级的变化过程,产业发展是基于技术范式和组织变迁的产业结构发展,不同产业在创新活动和技术进步上的差异,以及外部环境的影响,会导致产业结构的变动。随着波特《国家竞争优势》一书的推出,产业集聚化的发展趋势得到重视。

产业集聚是对英语 industrial agglomeration 一词的翻译,目前国内有两种翻译,分别为产业集聚和产业聚集。两者在本质上是一致的,表达的都是产业活动在既定地理空间内集中的过程。② 因此,产业集聚主要表达了两种存在形态:一是某种产业活动逐步发生集聚的动态过程;二是在某个特定地区内形成了某种产业的集聚,产业的规模比其他地区要高。即产业集聚区,此处的区域是行政划分的区域概念,既可以指以省(市)级为单位划分的行政区域,也可以指其以下级别的区域。产业集聚区域内形成某种产业集聚发展的现象,此种产业相对全国同产业集聚的平均水平而言程度要高,成为职业教育专业建设与人才培养所面向的服务目标与对象。

(一)集聚的形态演变

在原始社会的旧石器时期,人们以狩猎和采集等为主要生产活动。这一时期人类还没有实现定居,处于不断的迁徙中。人们往往临时住在某个地方进行狩猎和采集活动,此种情况下,在某地滞留时间的长短是根据食物的丰富程度决定的。因此,此时的生产聚集只是短期临时性的,完全受自然条件的影响和制约,难以形成固定的规模和形式。在这种短期的聚集中,人类逐步掌握了生活必需的生产技术,如新工具的发明和改进、建造房屋的技术、动植物饲养和种植技术以及食物的加工和储存技术等。正是由于这些技术的产生与进步使得后来的农业生产活动得以世代持续地进行,而且也形成了人类分区农业生产的集聚。相关研究考证,农业的发明是在地球上七个不同的地区分别独立起源的,从距今 1 万年到距今 4000 年,长达 6000 年之久。③ 起初的农业生产聚集主要是基于某些地区的特殊自然条件,如河流、草原以及适宜的气候条件等。随着农业土地开垦面积不断扩大,形成了农业土地相对集中的分布,此时农业城市逐步形成,并由此带动农业城市周围经济活动的开展,如农产品的交换。不仅进一步扩大了聚集的范围,而且伴随着贸易活动的逐步繁荣、农业产出物分工的进一步深入,在世界各地形成了各具特色的农作物生产聚集区。

农业产生后,劳动分工在农业生产聚集区进一步深化,产生了以家庭为基本生产单位的为农业生产服务的手工业作坊。随着农业生产规模的不断扩大,手工业作坊的数量不断增

---

① 苏东水.产业经济学[M].北京:高等教育出版社,2000:3-6.
② 徐康宁.产业聚集形成的源泉[M].北京:人民出版社,2006:21.
③ 马克垚.世界文明史[M].北京:北京大学出版社,2004:14.

多,出现了工业聚集的原始形态——手工业作坊的聚集。真正意义上的产业聚集是伴随着机器大工业生产方式的确立和现代企业形式大规模的出现而出现的。近代大工业是在18世纪的最后30余年在英国产生的。其后,企业作为经济的基本生产单位的地位逐步得以确立。英国经济学家马歇尔通过对产业区形成的分析系统地研究了产业集群,马歇尔将在英国出现的产业集群现象称为"地方化"(localization)、"地方性工业"(localized industry)或"产业区"(industrial district)[①],并详细论述了地方性工业的起源、功能和演化等问题。英国产业革命后,西北欧等国家纷纷通过引进英国的技术开始机器化生产,相继实现了工业化。美国晚于英国半个世纪进入产业革命时代,日本在第一次世界大战之前完成了工业化。随着各国工业化的快速发展,越来越多的国家实施了工业化改革,产业聚集随之成为工业化国家普遍存在的经济现象,各国学者对产业聚集现象的研究逐渐增多。美国学者沃尔特·艾萨德将产业聚集现象称作"工业联合体"(industrial complex)[②],在欧洲国家,研究者们一般将产业聚集现象称为"新产业区"(new industrial district),意大利以传统产业聚集而形成的"第三意大利"(the third Italy)是比较典型的代表。苏联学者将产业聚集现象称为"地域生产综合体"(territorial production complex)。

从人类社会的产生到英国产业革命的爆发为产业集聚的产生提供了充分的基础条件,如技术积累、适合开展大规模生产的企业组织形式和生产方式、开放的市场、巨大的需求、充足的资源、较发达的城市等。20世纪以后,随着新技术的发展与应用,尤其是20世纪80年代以后,集聚经济是否将继续存在、空间集聚是增强还是减弱等问题引起学者们的讨论。一种观点认为,从生产的外部经济看,新技术使得传统的标准化、大规模生产方式向计算机集成制造和更加灵活多样的生产组织方式转变,由此基于现代网络通信和信息技术的企业不再依赖于某个区位商的人力资本和信息资源的比较优势,传统形式的产业集聚将逐步衰退,终将不复存在;另一种观点认为,技术的发展变化可能改变产业集聚的形式,并不一定意味着产业集聚的消失。新型生产方式取代了福特制,促进地区生产形成更加灵活的专业化合作,从而形成新型的集聚形式。全球发展的实践已经证明了这一点,企业的集聚行为不但没有减弱反而加强了,表现在集聚的区位、方式、程度和范围等方面都有所不同。[③]

20世纪90年代以来,计算机、互联网在世界范围内迅速发展,改变了原先的交流、通信方式,工业聚集现象也发生了重大的调整和改变。互联网技术的出现,使各地的企业可以实现在世界范围内构筑各自的运营体系,虚拟经营、业务外包、大规模定制等已经成为发达国家企业广泛采用的运营模式。企业之间正在进行大规模的重新分工和联合,世界范围内的企业、人才和专业市场正组合成为一个虚拟的商业社会。如虚拟销售出现了OBM(原始品牌商品制造商)、代理销售和网络销售等形式。[④]

(二)集聚的形成机制

1. 自下而上

亚当·斯密从分工的角度解释了产业集聚的产生,斯密提出了分工的三种形态,即企业

[①] 阿弗里德·马歇尔.经济学原理[M].廉运杰,译.北京:华夏出版社,2012:226.
[②] 威廉·拉佐尼克.经济学手册[M].北京:人民邮电出版社,2006:142.
[③] 朱华友.空间集聚与产业区位的形成:理论研究与应用分析[D].长春:东北师范大学,2004:206.
[④] 林子华.企业虚拟化运营[M].北京:社会科学文献出版社,2008:89.

内的分工、企业间的分工(企业间劳动和生产的专业化)和产业分工,第二种分工就是产业集群间的分工。亚当·斯密对产业的地域聚集现象并未进行细致的说明,但他指出,"有些业务,哪怕是最普通的业务,也只能在大都市经营。"①他认为由于市场的局限性,只有大都市才能发展起商业。随着水运交通的发展,沿海沿河一带各种产业的分工改良率先出现,成为地方产业发展的先驱。马歇尔认为导致工业地区性分布的原因有很多,"如果民族的性格和他们的社会与政治制度有利于精美而技术高的工业发展,那么在旧大陆上也许没有一个地方不是在很久之前就有许多繁荣的工业了。"②其中,自然条件是使得产业呈现地区性分布的主要原因之一,例如气候条件、当地所拥有的资源或是水陆交通较为便利等,并分析了一些地方性工业与自然条件间的对应关系。

德国经济学家阿尔弗雷德·韦伯最早在其《工业区位论》(industrial location theory)中提出集聚是影响工业分布的重要原因。韦伯把集聚因素分为特殊集聚和一般集聚因素,韦伯认为,地区自然优势条件属于特殊因素,其不具有理论研究的普适性,而一般因素的研究应该更值得重视和深入探讨。为此,提出工厂集聚是由于对集聚好处的追求而自下而上产生的。工厂通过扩大规模或者若干个工厂的集聚能够带来更多的收益或节省更多的成本,如可以方便购买生产所需要的原材料、有公共的设施和道路等,从而可以实现成本的降低,促使工厂集聚的产生。而且,韦伯还对工厂集聚的地点进行了精确的分析,即虽然工厂集聚能够降低成本,但工厂在发生迁移的过程中由于工厂与集聚地点的距离远近有别,不同的工厂可能会由于迁移而多付运费,因此,理想的情况是工厂迁移所增加的费用与集聚后所获得的节省成本可以相互抵消。在此基础上,韦伯提出了等运费线原理,在各自工厂的费用曲线范围内相互交叉重叠的地区即是工厂集聚的选择点,它可以使工厂各自获得利益的最大化。③可见,韦伯认为集群的产生是由于外界环境的优势,从交易费用的角度分析,节省了交易成本。

产业集聚现象的另一种解释来自区域比较优势理论,该理论认为区域间产生差异的原因主要有两类:外部经济差异和生产要素差异。其中外部经济是指由共享的资源产生的经济效益;生产要素包含资本、技术、信息和人力资源等,不同的地区由于生产要素拥有状况及其价格的差异形成了区域在资源配置上的比较效益,正因如此,产业势必会在效益高的地区形成集群。这一理论的假设是区域生产要素的锁定效应,由于种种因素的影响,生产要素的流动往往存在某种阻碍,但如果生产要素自由流动,在区域的比较优势落差缩小的情况下,比较优势理论便难以解释区域的产业集聚现象。

2. 自上而下

法国经济学家帕鲁提出推动性单位(propulsive unit)的概念。所谓推动性单位是指在经济增长中起支配作用的一种经济单位,通过作用于推动性单位的增长或创新来带动其他经济单位的同步增长。推动性单位的形式可以有多种,相同部门内的一组工程或者一个工厂和工厂集合都可以成为推动性单位,"增长极"(growth pole)就是在特定环境中的推动性单位。例如一种产业的发展可以增加投入部门或产出部门的利润,或可能导致其他产业的

---

① 亚当·斯密.国富论(上)[M].北京:商务印书馆,2005:16.
② 阿弗里德·马歇尔.经济学原理[M].廉运杰,译.北京:华夏出版社,2012:228.
③ 阿尔弗雷德·韦伯.工业区位论[M].北京:商务印书馆,2010:38,110.

模仿,使得另一些企业调整生产和定价策略,从而促进创新的发生。在这一过程中,相关产业会出现两种特征,一是寡头垄断的市场结构,二是企业工厂的空间集聚。增长极理论认为,把"推动性单位"的工业嵌入某地区后,将由此推动地区经济增长。[①] 正因为如此,增长极理论也可以被视为形成了地区产业集聚的另一种自上而下的理论。在后续的研究中,有人提出将研究与开发活动作为增长极的推动性单位,强调了增长极的创新和扩散功能。

苏联学者通过对 20 世纪 30 年代苏联加速社会主义建设时期出现的一些大型项目的研究,提出地域生产综合体理论。其主要应用于 60 年代苏联政府对东部地区自然资源进行开发的时期,出于加强基础设施建设的需要,国家采用地域生产综合体的建设形式推动开发。[②] 地域生产综合体是一种对地域资源合理利用的空间生产组织形式,通过地区内资源的集中统一规划、开发,形成综合生产能力,提高资源利用的效率。虽然也体现了产业集聚的特点,但由于其过分以地区利益为中心,缺少企业相互之间的积极主动的协同联系,从而可能造成彼此生产联系的工程项目互不配合,为此也可能仅仅是在地理形态上形成了集聚。

3. 中心—外围模式

新经济地理学(new economic geography)理论的代表人物克鲁格曼把空间思想引入经济分析之中,并以制造业为例解释了由于产业集聚所形成的中心—外围模式的现象。首先,具有上下游关系的制造业企业由于追求降低产品运输成本和中间投入品的价格而发生集聚的内在动力,此为"价格效应"机制;其次,企业集聚后由于成本的降低而提高了工人的工资收入又会增加产业集聚区的吸引力,这被称为"市场规模效应"。克鲁格曼进一步解释认为专业化的分工是形成这两种机制的根本原因,一方面,分工层次的增加要求降低成本而形成集聚,而企业的集聚又推动了分工的深入,正是两者的互动机制促使了区域内产业集群的形成,呈现集聚地区的以制造业为中心和农业外围的格局。

(三)集聚的存在形式

上述历史分析表明,产业集聚不仅是当前出现的一种产业发展趋势,产业间或产业内企业间在空间上有机集聚、协作发展的产业集聚现象在不同的历史时期,在全球发达或发展中国家的不同区域和不同行业中早已兴起。其一,从产业集聚的发展进程来看,在手工业时代产业集群主要是基于地理环境、资源禀赋和历史文化因素等所形成;工业化中期,涌现出以大企业为核心的产业集群;信息时代,沟通和信息传递使得企业之间的联系更加便捷,世界各地的产业集聚在数量、形式和分布等方面都向更加多样和普及化的趋势发展。其二,从产业集聚的行业分布来看,无论是发达国家还是发展中国家,在不同的行业中几乎均出现了一定程度的产业集聚区,如美国缅因州集聚了橡胶制品业,日本东京集聚了金属制品业,我国广东顺德有家电企业、福建晋江集聚了制鞋业等。而且,产业集聚的现象还是比较宽泛的,并不局限于制造业或工业,在第三产业的很多行业,同样也具有制造业的集聚特征。[③] 其三,从产业集聚的外部形态来看,其表现为由一大群特定领域的企业与企业间、政府机构与企业间、科研院校与企业间、社区机构与企业间的各种组织所形成的具有一定规模的集聚

[①] 鞠永春.产业集群与地区发展政策分析[D].上海:复旦大学,2004:197.
[②] 苏江明.产业集群生态相研究[D].上海:复旦大学,2004:219.
[③] 殷广卫.新经济地理学视角下的产业集聚机制研究——兼论近十多年我国区域经济差异的成因[M].上海:上海人民出版社,2011:22.

现象。

二、产业集聚的人才吸引效应

（一）成本节约机制产生人才示范效应

现代经济和网络技术的发展使得主体之间关系更加复杂而又密切，彼此的合作与竞争往往处于同等重要的地位，"地理集中性就好像一个磁场，会把高级人才和其他关键要素吸引进来"①，企业地理集中化发展为集群内成员专业化分工与合作提供了基础条件。

首先，产业集聚区内汇集了大量同类人才，相应地也会产生一定的教育培训需求，促进教育培训机构的衍生，进而能够降低人才接受学习培训的成本。其次，产业集聚区的专业化分工使集聚企业的从业人员更加精深于个人专业性的工作，而且由于集聚区企业彼此共享交流的气氛，有利于促进个人的知识技能的学习积累，同时弥补个体在知识、技能和经验等方面的不足，提高学习的效率。最后，由于集聚效应产生的彼此间信任和依存关系，使得信息获取成本大幅度降低。② 由人才集聚产生交易成本节约以及由此带来的超高的学习效率、工作效率和创新行为效应，有利于促进人才的聚集度提升。

（二）知识外溢机制增进人才交流互动

传统的区域经济发展理论过分简单地强调劳动力和资本要素在区际流动，然而，技术尤其是高新技术历来为影响产业结构变化和世界经济格局的重要因素。对区域发展问题的分析，必须强调技术和知识的创新与扩散。知识共享对于不断创新的人和企业都很必要，创新是在网络环境中产生，并不断与用户反馈的过程。

技术知识分为可编码化知识和意会知识，后者是指不容易被明确表达和转移的知识。③ 编码化知识含义较简单，随着信息传递机制和方式的改变，可不受空间的限制而快速地扩散；而难以编码化的隐性知识一般只有通过面对面的交流才可能得以传播，隐性知识及相关技术的获取和利用在很大程度上依赖于非正式的个人接触。由于许多新技术和新知识具有非正式、未编码化的特点，而创新过程又涉及大量这类隐性知识的输入。因此，产业的创新发展必然要求促进专业型人才的集聚互动学习与交流。马歇尔认为地方性产业不仅具有知识共享的功能，而且具有持续培养产业技术后备军的重要作用。"行业的秘密不再是秘密"，甚至"连孩子们都不知不觉地学到许多"。④ 产业集聚有利于非编码化的知识的传播和扩散，集聚区内个体及企业组织间通过频繁的正式和非正式交流互动等途径，促进技术主体间知识的学习流动，从而能够提高地区的生产率。

（三）嵌入性机制增加了人才集聚的向心力

区域中的主体行为通常与地方的文化背景密切相关，因而受到社会整合力的约束，形成

---

① Porter, Michael E. Clusters and The New Economics of Competition [J]. Harvard Business Review, 1998, 76 (6): 77-90.
② 王立军.创新积聚与区域发展[M].北京：中国经济出版社，2007：87.
③ David J Teece, Gary Pisano, Amy Shuen. Dynamic Capabilities and Strategic Management [J]. Strategic Management Journal, 1997, 18(7): 509-533.
④ 阿弗里德·马歇尔.经济学原理[M].廉运杰，译.北京：华夏出版社，2012：229.

社会网络的嵌入/根植性。① 嵌入性是促进产业集群形成与发展并保持其竞争力的基础,集群内主体间的互动关系也正是通过嵌入性而构成地方社会网络。首先,在这种关系网络中,由于在人们长期的合作交流中维系形成的私人关系,提高了集群组织成员的凝聚力和向心力,而且由于私人关系间个人感情因素的存在会成为影响个体决策的主要因素,从而形成集群稳固的人力资源关系网;②其次,在产业文化地方根植性的基础上,由于嵌入性机制形成的社会关系网络的存在,集群组织内部获取市场信息的能力及其传播速度更快,增强了集群企业的学习创新环境和能力,从而吸引人才集聚;最后,嵌入性关系网有利于集群企业组织成员间形成共同的发展目标、价值信念等,降低主体间由于信息不对称而可能采取的策略性行为③,促进专业化分工合作和人才间知识交流机会的发生,增强产业集群的人才吸引力。

三、产业集聚区劳动力市场特征

在产业聚集地区,由于设施、信息和资源的共享,降低了多重环节的成本支出,从而形成地区产业的规模经济和外部范围经济效应。"地方性工业因不断为技能提供市场而获利很大",产业区就会形成越来越强大的新技术产业区,"要不了多久,辅助性行业就在附近的地方产生。"④因而,区域范围内围绕一个特定的产业,会在附近地区衍生出很多相关联的产业,形成产业上下游的关联关系。相关产业的发展又可以为很多邻近的工业提供产品和服务,这样对单个厂商来说,即便"个别资本不是很大,但有时也能达到很高程度的经济使用价值"。⑤ 由于生产工具专门化程度的提高,也提高了产业区内的专业分工水平。

(一)稳定的市场供求

产业集群的发展实践表明,产业集聚过程中必然会吸引外部地区的劳动力进入,即由于产业集聚不断扩大市场的范围和规模,从需求角度来说,产业集群由于具有稳定的人才需求,因此对外部劳动力市场的建立有着强烈的要求。从产业集聚的产生机制分析,地区的资源优势也是产业集聚形成的主要因素,产业集聚常常产生于教育资源发达的地区,可以为产业集群的发展提供充足的人力资源,这可以视为产业集聚区的劳动力供给效应。正是由于产业集群的需求与教育部门的人力资源供给为产业集聚区劳动力市场的建立奠定了基础。而劳动力市场的形成又为产业集群的进一步发展提供了动力支持,不仅有利于稳定供求,而且对于促进集群内部交流、人员流动以及推动集群技术创新都有积极的作用。

除了强调外部自然环境因素对"产业区"形成的作用,马歇尔也指出"另一个主要原因是宫廷的保护"⑥,由于宫廷本身高档的消费需求以及附近存在大量富人的需求,从而吸引了具有某种特殊技能的人才远道而来产生聚集。如此对企业雇主来说,能够比较容易地获得优秀的专业技术工人;而对技能工人来说,由于工作岗位比较集中,也因此能够比较容易找到合适的工作,从而形成企业需求与工人供给之间稳定的供求关系。

(二)多样化的职业需求

对于产业区的演化,在当时的经济社会条件下马歇尔分析了两种具体的形式:一是交

---

① 耿建泽.企业集群竞争优势与地域根植性的相关性研究[J].经济研究导刊,2008(1):51-52.
② 季小立,龚传洲.区域创新体系构建中的人才集聚机制研究[J].中国流通经济,2010(4):73-76.
③ 季小立.发达地区创新人才的集聚机制[J].现代管理科学,2009(11):37-39.
④⑤ 阿弗里德·马歇尔.经济学原理[M].廉运杰,译.北京:华夏出版社,2012:229.
⑥ 阿弗里德·马歇尔.经济学原理[M].廉运杰,译.北京:华夏出版社,2012:227.

通工具改良所致。由于交通工具的改良而导致远距离的地区间的交流有了新的方便条件,会引起产业地区化分布的种种因素的作用发生变化,最终导致地方产业的演化。二是地方产业的互补需求。地方产业工作的单一性不利于地方劳动力市场的建设,为此,"只要在附近建立起具有补充性质的工业就行了"。① 对于地方互补性工业的形成机制,马歇尔分析提出两种主要机制:自组织(self-organization)和他组织(hetero-organization)。自组织主要是依靠市场机制的作用,使得具有互补性作用的地方工业相继产生;他组织是依靠市场之外的力量,如政府通过政策引导和规划地方发展,"以使原来不需要女工和童工的地方产生职业多样化。"②

(三) 专业性劳动力市场

产业集群作为介于企业与市场之间的中间性组织,美国社会学家斯科特1964年提出"组织边界"的概念,"边界可以看作是存在于'相异性'和'同一性'之间的一种界限"。相异性使得组织间彼此得以区分,而同一性又拉近了组织内部成员的关系,重塑了组织在社会中的地位和身份。③

产业集群是特定区域内同类或有联系的企业组合,因此,产业集群的边界一方面表现为地理空间意义上的范围界限,另一方面,产业集群又具有产业的界限,即产业集群的定义表明产业集群的边界既存在"区域倾向",又兼具"产业倾向"性特征。随着产业集群边界范围的扩大,首先,集群的跨组织性使得集群不再局限于单个企业的业务范围,增强了人才吸引能力;其次,集群的区域性、共享性以及作为中间组织等特征使得地方企业在原有的外部劳动力市场、内部劳动力市场的基础上,又增加了一个共享的专业性劳动力市场,集群企业的员工已不再专属于某一个特定的企业组织,能够在集群专业性劳动力市场中自由流动。④

可见,产业集聚区不仅产生了对专业性人力资源的需求,而且有利于促进专业性人才的成长,为专业人才培养提供了有效的外部条件。集聚是人类社会发展的普遍现象,产业集聚广泛存在于社会发展的不同时期,且无论是发达国家还是发展中国家,其形成的动力机制既有来自政府部门的推动,也有自发形成的,已成为经济发展和区域增长的重要力量。由于产业的集聚产生的集聚效应,引发了地区内人才的集聚,创造了有利于人才成长和交流的外部环境。同时,也产生了对大量专业性人力的需求,且具有稳定性、同质性和多样性等特点,不断增强人才集聚的正效应,形成产业集聚推动地区增长的内生力。

第二节 产业集群演变中的根植性要素生成

集群竞争优势的发挥又会受到多种因素与条件的影响,是一个复杂的动态系统和运作过程,了解并掌握影响集群竞争优势的核心要素的组成及其各部分的地位、功能和运行原理,深入解读集群的相关理论有利于我们更明确地找准位置,避免或减少不利因素的产生和发展。

---

① 阿弗里德·马歇尔.经济学原理[M].廉运杰,译.北京:华夏出版社,2012:229-230.
② 阿弗里德·马歇尔.经济学原理[M].廉运杰,译.北京:华夏出版社,2012:230.
③ 陈兴淋.组织边界的理论及其作用[J].学术界,2008(2):84-88.
④ 周均旭.产业集群人才吸引力及其影响机制研究[D].武汉:华中科技大学,2009:187.

一、集群是集聚的高阶形态

（一）集聚与邻近

在产业集聚的形成过程中，首先强调了企业邻近的特征，但"集聚（agglomeration）和邻近（proximity）是两个相关而不容混淆的概念。"邻近的概念还包括地理邻近和组织邻近，而组织的邻近可能并不需要地理空间上的接近。①

产业基地、开发区和各类工业园区是产业集聚的表现形式，联合国环境规划署（UNEP）认为工业园区是在一块土地上聚集若干工业企业的区域。工业园区可以由不同性质的企业组成，这些企业共享园区内的基础设施、管理和服务。② 从各国的发展来看，园区并不一定都自动转变为产业集群。③ 1988年，国务院批准成立北京市高新技术产业开发试验区，之后各种形如高新区、开发区的产业园区如雨后春笋在全国各地冒了出来。与普通产业园区相比，产业集聚区显著的特点首先就是在规划布局上更加强调企业集中、资源集约利用和功能集合构建；其次是在产业和企业的类型选择以及企业的协调上更加重视对产业链形成的培育；最后是在生产过程中，更加注重产业的横向配套、纵向延伸，建立企业的关联性以及产业链的黏合度。即产业集聚区的企业不仅要在地理空间上聚拢到一起，更要在产业链上形成互动。

（二）集群的要素

早在亚当·斯密的《国民财富的性质和原因的研究》中首先使用了"企业集群"一词④，产业集群（industrial cluster）是由美国哈佛商学院的迈克尔·波特（Michael E. Porter）教授于1990年在其《国家竞争优势》一书中被正式提出。波特及其团队通过实践考察发现，产业集群是发达国家工业化过程中的普遍现象，在此调研基础上进而总结提出产业集群是由在地理上邻近和具有关联性的企业以及相关法人机构组成。⑤ 波特在其研究论文中还指出，集群也包括政府和其他提供教育培训和科研支持的机构组织⑥。与相关研究不同的是，波特对集群的定义着重强调集群的跨组织特征，这一点对其竞争力的形成和市场经济的影响至关重要。也有研究者提出，究竟是什么将集群与其他组织模式区别开来并未清楚地表明，这对研究者来说仍将是一个谜团。⑦

目前研究者公认以下几点是产业集群形成的关键要素：①地理邻近。虽然产业园区和产业集群都强调地理邻近的概念，但从理论渊源和发展历史看，前者的主要驱动力来自外部，而后者是内力驱动。地方的发展并不能因为基础设施和物质设备的便利而自动促进，还需要依靠对基础设施的高效运作以促进企业的互动创新。在我国传统的工业区和目前的开

---

① 王缉慈.产业集群和工业园区发展中的企业邻近与集聚辨析[J].中国软科学，2005(12)：91-98.
② Porter, Michael E. Clusters and The New Economics of Competition [J]. Harvard Business Review, 1998,76(6)：77-90.
③ 卡拉克·J.米勒，王报换，崔存明. 政府在企业与科技发展中的作用——可供中国参考的几种思路[J].国外理论动态，2006(7)：33-35.
④ 亚当·斯密.国民财富的性质和原因的研究（上卷）[M] 北京：商务印书馆，1988·11.
⑤ 迈克尔·波特.竞争论[M].高登第，李明轩，译.北京：中信出版社，2012：183.
⑥ Porter, Michael E. Clusters and The New Economics of Competition [J]. Harvard Business Review, 1998，76(6)：77-90.
⑦ Edward M Bergman, Edward J Feser. Industrial and regional clusters：Concepts and comparative applications [EB/OL]. http://www.rri.wvu.edu/WebBook/Bergman-Feser/Contents.htm.

发区中,地理邻近但没有实际上的产业联系现象也是比较普遍存在的,一些地理邻近的工厂分属于不同的部门或分属于不同的行政区域,由于管理体制等问题,也阻碍了企业之间的联系。②产业联系。狭义的产业联系包括垂直的或水平的功能联系,这种联系如果用商业合同固定下来,就成为正式的贸易关系。某产业上下游的活动一部分或者大部分在区内,则有可能发展成为产业集群。而另外一些区域,可能只有小部分相关的产业活动在区域之内,因为一个产业的上下游活动可能是很多的,其生产是在区内还是在区外更加合理,企业选择近距离配套还是远距离配套,都与该产业的技术需求及区域的经济、技术、文化等条件密切相关。广义的产业联系还包括非功能的地理联系[①],如果没有垂直的或水平的产业联系的多个企业共享基础设施,共享劳动力资源等,那就等同于是产业园区和工业园区。③行为主体间的互动。产业集群与产业链的概念和思路也有本质的区别。首先,加强企业间的相互协作是产业集群的战略核心,而产业链主要是指产品生产环节的数量;其次,产业集群通过互动合作提高效率,而产业链的延伸仅仅属于一种外延式的扩张,与企业的劳动生产率可能并无直接关系;最后,促进技术创新是产业集群升级和竞争力的核心,具有自发的性质。产业链的发展是基于增加政府财政收入、扩大就业等因素考虑,忽略了企业经济活动的性质,属于政府的地方性保护行为。

(三) 集聚与集群

产业集聚与产业集群关系密切,但是两者又有区别(见表4-1)。产业集聚主要来自资源优势、政府推动、专业化分工、企业对经济利益的追求等外力因素,而集群是由于竞争的原因而产生的,集群经济的发展可以提高区域的竞争力。对于集群内企业的类型和行业归属,产业集群既包括相同产业也包括不同产业的企业,如传统产业和服务业,不仅可以由中小企业组成,也可由大型和小型企业共同组成。[②] 而且,随着经济的发展和技术的进步,集群的形式可能也会随之改变,产业集群的边界,应该是反映经济现实,未必就是行政区域的边界。[③]集群代表着一种新型空间组织,集群很少和标准的产业分类系统相一致,产业分类由于忽略了很多竞争中重要的参与者及其相互之间的关系,进而忽视了集群的重要性。随着波特概念的提出,产业集群的研究与应用在多个领域广泛展开,相近的概念或表达有"地方企业集群"(local cluster of enterprises)、"区域集群"(regional cluster)、"产业区"(industrial district)等。

表4-1 产业集聚与产业集群的区别

项 目	产 业 集 聚	产 业 集 群
社会类型	农业社会,以工业社会为主	工业社会,以知识经济社会为主
生产要素	自然资源、劳力、资本、知识、技术	还包括制度环境
产业链	产业实体的产品链与增值链	产业实体与非实体间的产品链、增值链和信息链
创新	价值链线性范围内	区域内多主体的网络创新环境
根植性	低	高
发展层次	初级阶段	高级阶段

资料来源:黄建康.新经济条件下产业集群与发展动力研究[D].南京:南京师范大学,2005:136.

[①] 王缉慈.现代工业地理学[M].北京:中国科学技术出版社,1994:38.
[②] 迈克尔·波特.竞争论[M].高等第,李明轩,译.北京:中信出版社,2012:185-187.
[③] 迈克尔·波特.竞争论[M].高等第,李明轩,译.北京:中信出版社,2012:241.

总体来说,产业集聚与产业集群的区别主要体现在相关经济活动的主体性参与者之间的关系以及与当地政府和社会组织机构间形成的关系等方面。从相关经济互动的主体性参与者来看,集群不仅包括特定地区内相关企业的联结,还包括与技术技能或者知识性研究机构、学校以及提供政策制度保障的政府部门的联结。此外,为促进合作的社会性组织和行业协会也包括其中。产业集聚主要指产业内相关企业在某一地区形成地理上的集合。因此,产业集群一定是以产业集聚为前提,但产业集聚并非一定能发展成为产业集群。产业集群化发展是地区产业在较长时间里的集聚转变过程,企业间只有通过长期的正式或非正式的交流互动才能形成一个协同创新、交互学习和深度分工的网络型组织结构,集群是产业集聚发展的高级形态。

二、技术人才是集群生成的关键生产要素

(一)集群组织有利于竞争优势的形成

传统的经济理论对区位优势的解释是基于比较优势和由于地理位置造成的运输成本的节约,比较优势理论认为企业的竞争力就是占领市场的能力和盈利能力,这又取决于企业的单位成本以及在此基础上决定的价格水平是否足够低廉,这种理论把人们的注意力集中到了廉价的劳动力资源和政府的补贴及贬低汇率等不正确的方向。产业竞争中,生产要素的价值越来越处于相对不是那么重要的地位,由于现代新科技、交通条件和经济全球化的快速发展,国家或地区的竞争优势已经不能主要基于传统的比较优势来建构。甚至是"除了优势不断消逝外,还会因资产的投入而被套牢。"[①]为此,波特从竞争的角度分析了产业集群的特点和竞争力形成的要素组成,产业集群之所以更加有利于形成竞争优势,是因为产业集群"更贴近竞争的本质以及竞争优势的来源。"其"范围比产业要大,因此能考虑到跨厂商和产业的重要连接点、互补性、技术的溢出效果。"[②]

波特认为,集群的产生是由于独特的竞争优势,集群具有远距离的企业所没有的竞争优势。集群之所以能够增进竞争优势,是由于集群可以在以下方面提高生产力:接近专业员工和供应商、获取专业化信息、互补性、接近法人机构和公共物品、当地的竞争更具动力,集群可以使衡量和比较公司业绩更为便捷、提高劳动生产率和创新能力、更好地了解市场状况,集群有利于新机会的形成。[③]

(二)集群生成的生产要素组成

波特在《国家竞争优势》中提出了"钻石模型"理论,钻石模型分析了国家竞争优势形成的要素条件及其相互关系,"钻石模型"的构架主要是由四项关键要素和两个附加要素组成(图4-1)。在形成钻石体系各关键要素互动的条件中,波特分析指出产业的地理集中对体系的发展影响深远,一定地域范围的集中有利于促进体系内部各要素之间的互动,促进竞争优势的形成。因此,"钻石模型"强调的关键点就是推动一个国家或地区内产业的发展趋向集群式分布,以产业集群发展形成国家或地区的核心竞争优势。

波特提出生产要素包括两种分类。第一种是把生产要素分为初级生产要素和高级生产

---

① 迈克尔·波特.国家竞争优势(上)[M].李明轩,等译.北京:中信出版社,2012:13.
② 迈克尔·波特.竞争论[M].高登第,李明轩,译.北京:华夏出版社,2012:190.
③ 迈克尔·波特.竞争论[M].高等第,李明轩,译.北京:中信出版社,2012:195-205.

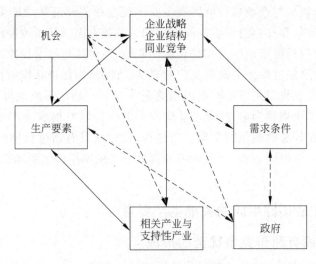

图 4-1 波特的"钻石模型"

资料来源:迈克尔·波特.国家竞争优势(上)[M].李明轩,等译.北京:中信出版社,2012:114.

要素。初级生产要素主要指传统的生产要素,如自然资源、地理位置、资本和简单劳动力等。在一些以天然产品或农业为主的产业,以及对技能需求不高或技术应用较为普及的产业,初级生产要素仍有其存在的重要性。在越来越强调竞争的产业发展和社会条件下,必须更加注重和增加高级生产要素的供给,包括现代化的基础设施和高级技术技能人才。一方面,从未来发展来看,由于缺乏竞争力而可能需求不断减少,但一方面初级生产要素作为高级生产要素产生的基础,另一方面,在一些生产生活性的基础或必需型行业领域,初级生产要素也有存在的一定的市场空间。第二种是把生产要素分为一般性生产要素和专业性生产要素。专业性生产要素是一个持续发展的过程,随着知识、技术的不断更新发展,当前的专业性生产要素很快就可能变为一般性生产要素。

(三)地方根植性的集群技术人才培养

生产要素的分类理论说明,高级和专业性的生产要素的产生需要以一般生产要素为前提,而且生产要素的形成通常也容易受到其他关键要素的影响,各个国家在教育系统的机构设置和资源配置等方面的不同,与政府的政策走向、投资比重等都有关系。为此,对一般性生产要素的投资和培育是国家和地区经济进步的基础条件。[1] 再比如,一套完整的信息系统工程项目是靠点点滴滴的积累发展起来的,包括个人追求的技术进步、企业对竞争的要求和社会机构或者政府的投资等,人力资源要素的产生需要教育机构及职业培训部门承担,意即政府部门必须注重面向产业部门的生产要素的积累,而且针对不同的产业和地方,需要投资不同的生产要素,构造多样的技术人才成长的环境和形态。"有些竞争优势的关键要素,往往只与特定的产业需求相关"[2],德国的一些职业技术教育院校的专业就针对印刷、汽车组装和工具制造等领域培养专门人才。在诸多的生产要素中,哪些是需要提升和创造的,需要结合当地的具体产业发展水平和构成以及企业的目标等因素而定。在一些发达的传统型

---

① 迈克尔·波特.国家竞争优势(上)[M].李明轩,等译.北京:中信出版社,2012:118.
② 迈克尔·波特.国家竞争优势(上)[M].李明轩,等译.北京:中信出版社,2012:131.

产业区中,例如曼哈顿的服装产业区,地方产业的发展与地方根植性的社会文化的结合甚至成为引领地方发展的创新产业,产业的技术工人也同样会受到社会的尊重[①],面向产业集群的人才培养即以符合产业特点和熟悉地方文化的地方根植性人才为主。

三、教育部门是集群网络的重要性主体

如果区域产业空间集聚的地理特性是产业集聚的外部表现,那么集聚区内企业之间、企业与供应商及邻近的教育部门和研究机构等主体之间的互动,以及由此带来的资源配置机制的变动与优化则是产业集聚的内部表现,产业集聚所形成的持续性的竞争优势正是在这种空间上的邻近及其与多主体的互动过程中形成的。产业集聚在空间上的接近和专业化分工尚不足以维持竞争优势的长期存在,只有在满足一定水平的、积极的交互作用条件下,集群效应才能得以发挥。

(一)集聚主体形成合作网络组织

网络通常是指国际互联网或者因特网,其显著特点就是各个局域网不分大小而一律平等。因此,网络可以看作是一种互相联系的方式,是平等个体间的网状性联系。企业网络就是由一组独立自主而又相互关联的企业,依据专业化分工和协作建立起来的、具有长期性和指向性的企业间组织联合体。[②]

产业集聚中的分工和专业化之所以表现成一种企业间的分工网络组织,有其内在的必要性。现代产业的发展趋势是专业化和分工的逐步深化,单个企业只能选择在产业链上的某个环节进行生产,企业本身已经成为高度专业化的个体。这就决定了企业无论选择在任何地区进行生产活动,都需要与地区内的其他企业进行合作,只是合作的程度有所不同。在非产业集聚区内,更多的企业只是单程合作,而并非网络化的合作。因此,分工和专业化的深入发展决定了企业必须采取区域合作的方式进行生产。

产业集聚实质上是地理空间上的企业社会关系网络,表现为在空间上的一种网络形态,集群各主体在彼此的互动联系过程中建立复杂的关系网络,这些关系有时表现为在市场交易或知识、技术创造中的正式合作关系,而更多地体现为建立在共同社会化背景和信任基础上的非正式关系。

(二)集群演进对教育部门的影响

从产业集群的演进发展来看,随着分工和专业化水平的提高、交易费用的下降、产品种类的逐渐增加,产业链条不断延伸,促使市场范围扩大,由企业分工形成的地方生产网络体系也不断扩大。

产业集聚体是一种开放性的耗散结构,是不断演进的自适应系统。耗散结构理论认为,系统只有开放、不断与外界的环境进行充分的物质能量和信息的交换,并且处于远离平衡的非平衡状态,才能使系统向有序化方向演化,从而形成新的自组织结构。[③] 产业集群通过主体间的互动实现地方生产系统由低级到高级的有序演化,但在集群演进的过程中,各行为主

---

① Rantisi N M.The local innovation system as a source of "variety": Openness and adaptability in New York City's Garment District[J].REGIONAL STUDIES,2002,36(6):587-602.
② 陈守明.现代企业网络[M].上海:上海人民出版社,2002:6.
③ 牟绍波,王成璋.产业集群持续成长的自组织机制研究[J].科技进步与对策,2007(7):73-75.

体之间的互动是非线性的,即不仅企业本身相互之间,企业与集群内其他主体之间也相互发生作用。产业集群内本地企业间的竞争会产生扩散效应,与当地学校、研究机构等建立关系,带动当地学校开设专业课程。产业集群所形成共同的供应、技术和环境条件,也会促使政府、教育机构、企业和个人投入更多生产要素,如政府投资建立技术学院或培训中心,联合成立研发机构等。正是这种内外部多主体的非线性互动,产业集聚体才得到自组织系统的演化,维持有序系统的存在和演进。[①]

(三)教育部门作为集群发展的支撑

产业集群内成员组织间是相互依赖的,例如金融单位提供可靠的资金来源,政府部门提供管理服务支持和市场运行机制,研发机构提供技术支持和项目开发指导,教育机构提供专业人力资源等。这种集聚效应有利于充分发挥不同组织主体各自在资本、服务、研发和人才等方面的综合优势,产生优势互补,互相促进人才在其中相互交流和学习,从而优化整体的人才资源。同时,区域内的各部门在这种互动过程中为了配合产业集聚的发展也实现了自身的提高和进步,实现了共同的进步与发展。[②]

产业集群的形成使得机构的空间分布更加紧密,信息的获取更加方便快捷,同时,这种紧密的分布关系在一定程度上也使竞争更加激烈。竞争的要求促使产业集群内组织产生不断创新发展的需要。在产业集群网络中,教育组织机构一方面作为知识传播和教育培训的主体,可以有效地作为支撑集群创新的主要部门,而且可以通过联合开展项目合作、攻克技术障碍、提供技术服务和技术指导等成为集群技术创新的有力支持。

产业集聚向产业集群的发展其实是集聚企业本地化的过程,是集群发展的重要阶段。在这一过程中,培育基于本地的集群要素条件是集群形成的关键。波特的钻石模型描述了集群竞争优势形成的要素组成架构,包括关键要素和附加要素。其中生产要素又分为初级生产要素和高级生产要素或者一般生产要素和专业性生产要素,随着产业的转型发展和产品技术含量的提升,对劳动者的素质要求越来越高,高级生产要素或专业性生产要素才是集群发展的重要力量。生产要素理论表明,专业性和高级生产要素的产生是需要一定的过程和支撑条件的,需要结合本地集群网络的特点和需求有针对性地培育。加以教育部门作为集群的支撑主体,尤其是作为培养技术技能人才的地方职业院校,在地方集群转型发展的过程中既受到地区产业集群发展的影响,也会把握产业集群发展的机遇期,寻求建立推动集群转化的互动合作机制,培养集群发展需要的地方根植性人才。

第三节 产业集群升级对地方化人才培养的需要

产业集群发展到一定阶段后,可能会由于技术锁定和制度锁定的阻碍,又或者因为同类企业的模仿导致同质性竞争,从而使得企业利润降低,集群衰落。为此,必须进行产业集群的升级。

[①] 郭利平.基于自组织的产业集群演进的路径选择[J].时代经贸,2006(3):46-48.
[②] 汪朝阳.产业集群与区域竞争优势互动机制研究[D].武汉:武汉理工大学,2004:53.

一、全球产业价值链理论与集群创新

（一）价值链体系的纵向分解

根据波特的价值链理论,价值链包括基本活动(生产、销售、运输和售后服务等)和支持活动(物料供应、技术、人力资源或支持其他生产管理的基本功能)。在垂直一体化的生产组织中,有关产品价值的所有活动都被组织在一个企业中,随着生产技术的进步,产品价值链上的各个环节都有可能在空间上发生分离,随着市场环境的变化及弹性生产方式的引进,围绕价值链各个环节的企业间专业化分工首先得以在发达国家的特定地区形成。但是,产品价值链的各个环节对生产要素的要求有很大差异,前端的研发、设计及后端的分销属于知识、技术、资金密集型的环节,而中间的加工制造属于劳动密集型的环节,这就使发展程度不同的国家和地区之间按照比较优势进行产品价值链的纵向分工成为可能。

（二）权力集中和生产片段化

领先的跨国公司的市场权力主要来自技术能力和品牌能力,为了巩固在全球市场中的领导地位,核心公司给整个供应链施加了巨大的变革压力,通过培养一级供应商,将变革的压力传递给各自的供应商网络,其结果是在全球范围内的各个层次和领域之内,形成了为核心公司提供商品和服务的诸多产业都出现了产业集中的过程[①]。即在工业技术成熟化和交通运输成本降低的影响下,在全球领先企业的市场控制权力集中的同时,原来垂直一体化的生产过程越来越片段化、水平化和网络化。大量的商品生产都是在跨国和跨企业的生产组织体系里进行,一种商品的生产过程往往被分解为不同阶段,各个阶段由各地不同规模的企业、机构甚至家庭工业生产完成。这种分散到全球各地的生产和服务价值活动常常形成本地化的产业联系,以获取集聚经济的效应。

（三）价值链重构中的发展机遇

在全球经济一体化发展的浪潮中,大部分跨国公司在我国设立的研发机构只是对其所掌握的核心技术都进行了"改良"或者实施所谓的"本土化修正",因此,大批高科技企业其实只是披上了高科技外衣的传统型企业,使得我国的企业难以向高附加值环节上升。[②]

市场权力向全球领先企业的集中削弱了发展中国家的中小企业从全球价值底端向中上游攀升的机会,但也并不等于没有机会。从历史发展的角度看,能够实现在全球价值链上升级并保持增长的只有少数地区的企业能够实现。联合国工业发展组织(UNIDO)在2002—2003年度工业发展报告《通过创新和学习来参与竞争》中指出,在全球价值链发展和升级中,企业实现本土化和技术能力的提升"一般都要经历从产品组装到生产制造,然后到实现地方化的设计和产品开发,但这无疑将是一个漫长而又需要付出更大代价的过程"[③]。可见,生产创新过程并不是短时期内就可以实现的,不仅需要企业的长期积累和努力,而且需要善于发现并抓住创新的机遇和条件,从而转化为企业自身的优势和创新发展的动力。因

[①] 彼得·诺兰,刘春航,张瑾.全球商业革命:产业集中、系统集成与瀑布效应[M].天津:南开大学出版社,2007:25.
[②] 章玉贵.全球第四次制造业转移正从中国启动[N].中国经济导报,2012-8-25(B1).
[③] UNIDO. Industrial Development Report 2002/2003: Competing through Innovation and Learning. United Nations Industrial Development Organization, 2003:139.

此,全球化生产发展趋势的地方产业集群升级,关键还在于真正建立起具备集群发展和创新的组织,实现其技术的创新。

二、集群创新升级的本质在于技术创新

(一)产业升级的基本规律

产业集群升级与产业升级是两个相互联系又有区别的概念。产业升级是企业或经济组织提高其获利能力的过程[①],表现为生产要素的发展和产业结构的演进。具体而言,产业升级就是制造商成功地从生产低价值的劳动密集型产品向生产更高价值的资本或技术密集型产品转移的过程。产业升级包括产业产出总量的增长和产业结构的高度化。[②]产业结构的高度化就是产业演进不同形态的表现,具有以下规律特征:一是产业结构由第一产业向第二产业转移,一定水平后再向第三产业转移;二是从生产要素演进的角度分析,产业升级体现为由劳动密集型向资本密集型再到技术(知识)密集型的发展路径;三是产业结构的发展由低附加值、低加工度产业分别向着高附加值和高加工度产业方向[③]的优势地位演进。也有学者提出产业的高级化关键是提升科技含量,实现产业技术水平的提高。

(二)集群创新推动产业链升级

集群最初作为一个经济学术语,是指相同或相关企业和机构在地区内的集聚现象,企业集聚最初的发展主要是由于地理的接近以实现成本的降低,技术创新并不是其主要功能,此时的集聚只是一种纯集聚体(pure agglomeration)。[④] 20世纪80年代以后,知识经济的发展突出了技术创新的要求,而集群概念的提出其实也就是凸显了集群的创新和提高竞争力的优势作用。

从产业链及全球产业发展特点看,一方面,位于下游的产业由于更接近消费者,存在更多交流的私有信息,为产业在这些环节寻求更高的利润和价值保留了空间。另一方面,由于创新的稀缺性,由技术创新形成的技术垄断构成了产业价值链中的关键环节,形成一种研发和销售环节的增加值高于产品生产增加值的现象。两个方面的发展成为产业价值链不断向两端拓展延伸的基础,价值链因此被形象地称为"微笑曲线"的形态。跨国公司由于掌握核心技术和丰富的人力资源,所以倾向于控制价值链曲线的高附加值部分,即研发和销售环节,而将生产加工等低附加值部分分散设置在发展中国家的劳动力或自然资源丰富的地区。

从集群的组织形式来看,产业集群的形成一方面是在原有产业发展基础上的组合创新,降低成本,提高生产效率;另一方面也是运用集群组织的竞争优势和创新型组织特征推动产业的升级发展。

(三)产业集群升级的本质在于技术创新

在全球价值链理论的视角下,产业集群的升级主要通过流程升级(process upgrading)、

---

① Gereffi G. International trade and industrial upgrading in the apparel commodity chain[J]. Journal of International Economics, 1999, 48(1): 37-70.
② 岳芳敏.广东专业镇转型升级:机制与路径[J].学术研究.2012(2):81-88.
③ 段淳林.产业集群升级及其自主品牌创建研究[D].武汉:武汉大学,2009:149.
④ Gordon I, McCann P. Industrial clusters: Complexes, agglomeration and/or social networks? [J]. Urban Studies, 2000, 37(3): 513-532.

产品升级(product upgrading)、功能升级(functional upgrading)和部门间升级(inter-sectoral upgrading)实现,其中功能升级即指获得价值链上新的更好的功能,通过放弃现有低附加值功能的生产向附加值更高的环节转向,如从生产制造和代加工向技术研发、产品设计或营销服务等方面迈进。因此,与传统产业升级的一般过程不同,产业集群的升级是集群内企业通过创新增加产品附加值。[1]

产业集群的技术创新能力是由若干要素组成的综合能力系统,其技术创新主体主要包括企业、地方政府、教育科研机构、技术服务组织和中介组织等要素集合而成。各技术创新主体在拥有一定的创新资源的前提下,通过内外部的交流与合作获取并吸收创新所需的知识信息,从而增强产业集群的创新能力,推动集群的升级。[2]

三、本地的专业建设是集群创新的重要支撑

(一)集群技术创新的内涵

首先,创新并不等于创造和发明,更不仅仅是思维的标新立异,也不是更新现有的知识。其次,技术创新并不代表就是向高技术方向发展,技术创新体现在产品本身与产品的生产过程两个方面。就产业来说,既有高技术产业也有低技术产业,在关于高、低技术产业的划分中,OECD提出以研发部分的投入比值来判断,不涉及产品的形态。即使是高技术产业,其产品的生产工艺也会存在低技术工艺,同样,低技术产业也可能包含一些高技术工艺。最后,随着创新理论的发展,创新并不仅存于企业内部,也不一定是由发明开始到扩散的线性模式,而是贯穿于价值链的各个环节,从原材料供应、生产、销售到服务等都可能发生。[3] 尤其是在信息高速发展的网络社会,知识和信息资源传递的方向和渠道可能会发生变化,向着更加有利于创新发生的地方汇集。当代技术系统内的创新,是在网络环境中产生的,创新的过程也愈加复杂,需要不断与用户形成反馈互动的过程。

(二)专业建设是集群升级的本地专有要素

全球价值链发展导致权力高度集中,少数跨国公司位于价值链的顶端,而且由于生产高度片段化和地理高度分散化,传统产业如纺织服装、家具等产品企业长期居于价值链的底端。竞争者多、可替代程度高、资本流动性强、劳动力市场的灵活性较大等因素大大增加了本地企业集群的升级难度。

联合国工业发展组织(UNIDO,2002)在2002—2003年度工业发展报告《通过创新和学习参与竞争》(Competing Through Innovation and Learning)中建议,企业应该根据自己的技术能力适当定位,提升自己在价值链中的地位。企业可以在价值链的个别环节内,也可以在价值链之间,通过提高生产或管理效率实现过程升级;或者通过开发新产品或改善老产品的质量等途径进行产品升级;又或者是更加积极主动地融入价值链,更多地参与设计、营销等环节,实施功能升级等。

在促进企业集群升级的要素中,与本地优势产业密切相关的知识生产机构,是其他地方

---

[1] Giuliani E, Pietrobelli C, Rabellotti R. Upgrading in global value chains: Lessons from Latin American clusters[J]. World Development, 2005, 33(4): 549-573.
[2] 岳芳敏.集群企业创新机制与路径研究——以广东传统产业集群为例[J].学术研究,2007(7): 42-48.
[3] 管福泉.浙江中小企业集群竞争优势分析[D].杭州:浙江大学,2004: 81.

无法模仿的本地专有要素。产业集群创新和升级能力取决于与该产业相关专业的水平以及产学研结合的程度。因此,在产业集群中促进专业化人力资源的形成以及满足企业研发的外部化,需要发展满足本地需求的有特色的专业。[①] 地方化专业培养成长起来的有技能的专家、工程师和企业家,由于更加熟知本地的经济结构、市场状况,以及其长期受到地方文化因素潜移默化的影响,因此,当本地经济发展起来以后,他们一般不容易发生转移。

在全球一体化快速发展的影响下,形成产品价值链在全球不同地区分工的格局,不同环节对生产要素和技术要求的差异性比较大,跨国公司由于掌握产业发展的核心技术,从而处于价值链的顶端。发展中国家的地方产业集群往往处于附加值较低的生产制造环节,要实现长期的发展必须要依靠不断的技术创新,实现产业集群的创新升级。集群技术创新不同于传统创新的线性思维模式,不仅发生在高技术企业,低技术企业也大量存在需要,而且贯穿于价值链的不同环节。加强面向集群的本地专业建设是培养地方化根植性人才,实现技术创新以推动集群升级的保障。

---

① 王缉慈.创建一流大学不如创建一流专业[N].科学时报,2007-02-15.

第五章

区域集聚——职业教育专业集群发展的产业基础

第一节 我国产业集群发展现状与趋势

随着改革的推进和经济社会的深入发展,我国产业集群的数量逐步增多,发展范围和空间呈现出逐渐从沿海走向内陆地区的态势,产业集群的影响和规模亦日趋扩大。

一、我国产业集群发展整体概况分析

在计划经济时期,我国产业发展整体水平还不高,产业集聚化发展趋势不明显,随着改革开放以来市场经济的深入发展以及与世界经济的接轨,在各地方政府部门的引进、扶持等政策的推动下,在一些交通便利、资源丰富的地区逐渐出现并形成了产业集聚发展的现象。我国在对产业集群的概念进行引入和研究的过程中,也创造了一些具有地域特点的感性称谓,如浙江的"块状经济"和"专业化产业区"[①]、广东的"专业镇"[②]。

据中国产业集群发展报告课题组的研究数据显示,2007年,我国境内地区共约有产业集群2000个、集群企业数量90万户、销售收入60 452.79亿元、利润4224.51亿元。从行业分布来看,涵盖了国民经济行业分类中的大多数行业;从地域分布来看,主要分布在我国东部沿海的长三角、珠三角、环渤海以及东北、西北、中部和西南的部分地区。其中,长三角、珠三角和环渤海三大沿海地区是产业集群最为密集和发展最为成熟的地区,其数量占全国总数的90%左右(见图5-1)。近年来,为推动落实国家区域发展战略与推进制造强国协调发展,工业和信息化部联合相关部门打造优质产业示范基地,我国重点开展面向智能制造等领域的产业布局,随着产业转型升级的加速,一批有竞争力的先进制造业产业集群正在形成。[③]

按照产业集群的形成机制和特点分析,主要包括以下几种类型:一是资源驱动型,如广东的家电、五金集群;二是贸易驱动型,即集群的形成是由国际进出口贸易驱动的,如浙江温

---

① 吴德进.产业集群论[M].北京:社会科学文献出版社,2006:206.
② 朱小丹.广东省专业强镇[M].广州:羊城晚报出版社,2005;吴国林,等.广东专业镇:中小企业集群的技术创新与生态化[M].北京:人民出版社,2006;余国扬.专业镇发展导论[M].北京:中国经济出版社,2007.
③ 王硕.工信部:我国产业集群发展水平加速提升[N].人民政协报,2022-09-29(007).

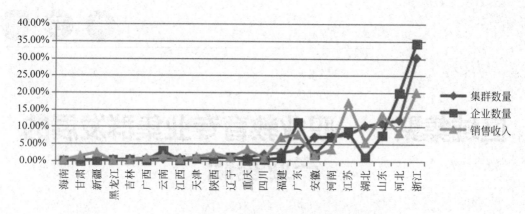

图 5-1 全国各主要省市产业集群发展规模占比

资料来源：中国产业集群发展报告课题组.中国产业集群发展报告[M].北京：机械工业出版社,2009：7.

州打火机、广东中山古镇灯饰集群等；三是外商投资型，如昆山地区的台资企业；四是科技驱动型，较典型的是中关村电子产业；五是由龙头企业带动形成的，如青岛家电业；六是由东部地区向中西部地区产业转移形成的企业群。①

二、从"中心—外围"走向倒 U 型趋势

克鲁格曼从空间的角度解释了产业集聚形成的原因，提出"中心—外围"的地区间产业分布格局。另外有经济学家提出了经济发展中区域间变化的倒 U 型理论。倒 U 型理论最早是由美国经济学家威廉姆森（J.G.Williamson）于 1965 年提出的，其基本观点是在经济发展的初期阶段差距较大的区域会随着经济增长的发展而逐渐缩小，从而呈现出由刚开始的 U 型特征向倒 U 型转变。② 一般而言，在经济发展的早期阶段，地区内拥有的要素资源是形成地区比较优势的基础，通常这类地区会由于自身的资源优势在经济发展中处于有利地位，而资源相对较少的地区则因为要素的匮乏难以实现经济增长。随着要素流动的实现并加快，一方面资源优势地区可能出现由于劳动力的过度供给造成收入水平的降低，而另一方面落后地区则会因为人口的流出而导致本地劳动力的稀缺进而引起收入增加，地区间的差异也正因为此种效应会随之慢慢缩小。

从我国产业集聚的空间地理分布形态来看，改革开放后，随着经济的快速发展，部分发达国家的产业转移使得我国沿海地区借助便利的交通条件成为产业发展的集中地区，产生并集聚了大量的企业、人口，与周边地区间的差距也慢慢扩大，呈现出"中心—外围"的空间分布特征。随着经济的发展以及相关减小地区差异的支持政策出台，如推动实施西部大开发战略和东北老工业基地崛起等，以及受到 2008 年国际金融危机的影响，沿海地区的部分产业逐步开始向内陆地区转移，由此也必然会引发劳动力资源的流动。研究表明，我国 1998—2009 年，近 10% 的中类制造业逐步从沿海向内陆地区转移，其中 50% 以上属于劳动

---

① 刘勇.产业集聚对我国区域创新的影响机制及实证研究[D].武汉：华中科技大学,2013：123.
② 刘建磊.浅析威廉姆森的倒"U"型理论[J].知识经济,2012(21)：5-7.

密集型产业,包括丝绸纺织及精加工和手工业制品制造业。① 2010年以后,我国经济及产业重心确实出现了向西南地区偏移的现象,但整体上尚未改变集聚于东南沿海地区的格局。②

第二节 我国产业链的地域分工情况

为了全面认识我国产业集聚的现状,本节运用有关统计数据分析我国产业的分工和地区产业集中情况。产业集聚是社会分工演进的产物,因此对地区产业集聚情况的分析,需要从分析产业分工入手,分析产业链各环节是否在不同区域形成了分工状态,即不同类型的区域是否按照产业链分工形成一定程度的功能专业化的集聚现象。由于产业链的各环节构成比较复杂,为了简化分析,将产业链归纳为四种类型:总部经济、研发设计、加工制造和营销服务。在具体的分析上,由于受到我国相关统计数据的限制,难以采取统一的度量方法,而且由于企业层面的数据不易获得,仅选用行业统计数据作为替代,以反映产业链的地域分工的状况。首先,对于总部经济的统计主要参考《中国总部经济发展报告》和地方统计部门的数据,分析总部的地区分布情况。其次,在研究发展、加工制造、营销与服务环节,参照杜兰顿和蒲伽③采用管理人员比重测算美国地区功能专业化水平的方法,利用我国相关统计数据,计算出不同行业从业人员占地区人口的比重,来衡量地区间产业分工水平发展情况。

一、区域间产业分工

(一)总部经济

1. 制造业总部经济

从地区分布来看,制造业500强企业主要分布在东部地区,2013年,东中西部地区制造业500强企业总部数量分别为374家、70家和56家,占制造业500强企业的比重分别为74.8%、14.0%和11.2%。从省份分布来看,主要集中在三类区域:一是制造业发达的传统大省。如河北、山东、江浙地区和广东等省,占全国的50.6%,是企业总部经济分布最集中的地区。二是资源占有相对丰富的省份。2013年,辽宁、山东、河北三省的制造业500强企业共133家,占全国的26.6%。三是信息、科技、人才资源优势的省市。2013年,北京、上海两市的全国制造业500强企业53家,占全国的11%。

从行业分布来看,2013年,机电、交通运输设备制造等现代制造业企业总部地区分布中,位列全国前5名的是浙江、山东、江苏、辽宁、上海五省市,数量分别为27家、13家、10家、9家、9家,企业总数为89家,总计占全国的近3/5(具体占比见图5-2)。就城市分布看,杭州、上海、北京、温州、沈阳五市的企业数量约占全国的33%。

从电子信息、生物医药等高科技制造业和新兴产业企业总部分布情况看,2013年,广东、山东、天津、北京、四川五省市入围制造业500强的企业总部数量合计30家(见图5-3),

---

① Bao C, Chen Z, Wu J. Chinese manufacturing on the move: Factor supply or market access? [J]. China Economic Review, 2013, 26: 170-181.

② 张建武,高聪,赵菁.中国人口、经济、产业重心空间分布演变轨迹——基于1978—2019年省级数据的分析[J].中国人口科学,2021(1):64-78,127.

③ Duranton G, Puga D. From sectoral to functional urban specialisation[J]. Journal of Urban Economics, 2005, 57(2): 343-370.

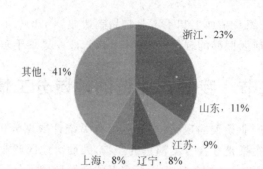

图 5-2　2013 年入围制造业 500 强的机电、交通运输设备制造业企业总部分布

占全国总数的比例近 70%。从城市分布来看,天津、北京、杭州、广州、深圳五个城市的企业总部数量位居全国前列,合计 19 家,占全国的 43.2%。

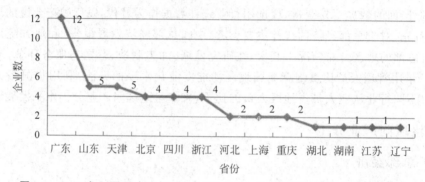

图 5-3　2013 年入围制造业 500 强的电子信息、生物医药制造业企业省份分布

2. 服务业总部经济

从地区分布来看,2013 年东部地区共有全国服务业 500 强企业 365 家,占服务业比重高达 73%。位列全国前十名的城市分别为北京、上海、广州、天津、杭州、厦门、宁波、重庆、武汉、南京,上述城市的企业总部共有 311 家,占全国企业总部数量的 62.2%。

从行业分布来看,2008—2013 年服务业 500 强企业主要集中于批发零售业、交通运输业和邮政业为主的传统型服务业领域。其中,批发零售业入围服务业 500 强企业总部数为 228 家,占服务业 500 强的 45.6%。2013 年,上海、杭州、北京、厦门、天津、广州、宁波、重庆 8 个区域性中心城市入围服务业 500 强的批发零售业企业总部共计 117 家,占入围服务业 500 强的批发零售业企业总数的 51.32%。交通运输业入围服务业 500 强企业总部数为 69 家,占比为 13.8%。房地产业和金融业总部也呈现出集中于主要城市的趋势。

另外,2012 年全国共有现代服务业上市公司 392 家,占服务业上市公司总数的 52.6%。从现代服务业上市公司在全国的城市分布情况来看,现代服务业企业在全国排名前 10 的城市分别是北京市、上海市、深圳市、杭州市、南京市、广州市、长沙市、福州市、重庆市和天津市(图 5-4)。总体来看,现代服务业上市公司主要集中在北京市、上海市和深圳市,三个城市上市公司数量占全国上市公司总数的 46.7%,反映了现代服务业集中于大都市兴起的特点,也说明京沪深等特大城市能够为现代服务业在新的服务领域和新服务模式中发挥出高文化品位、高技术含量、高增值服务、高智力密集和高服务质量的特性营造相对完善的环境,从而吸引高素质的从业人员集聚。

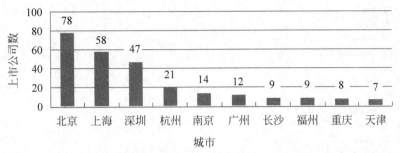

图 5-4　2012 年现代服务业上市公司数量全国排名前 10 城市

（二）研发、制造和销售服务

研发环节是技术要求最高的环节,同时也是产业链价值分配的高端环节。其不但可以与其他环节紧密相连,共同创造价值,而且由于技术的进步,很多研发环节可以相对独立,例如计算机、汽车等行业的模块化技术使得很多研发机构可以独立运作。鉴于研发机构的大量存在以及它们相对独立性的特征,可以将其称为研发产业。研发产业在选址时,首先考虑的是研发资源状况,同时考虑基础设施、配套设施、生活服务机构等多项条件。研发资源包括科技资源、教育水平、人力资源等多个方面。一般来说,研发机构选择在科技人才密集、开放程度较高、技术沟通和交通流畅并且政策环境与公共服务良好的区域。地区研发产业的发展状况可以通过不同的方法来反映,一是直接通过地区研发企业的数量及产值等情况衡量,二是通过与研发产业有关的数据,比如研发投入、从业人员的比例等,间接地反映研发产业的发展状况。科研活动从业人员较高的比重,显示了在人力资源、科技成果及研发产出等方面的优势,也从侧面反映了该地区研发产业具有较为雄厚的力量。从研发人员所占比重的区域分布情况来看(见图 5-5),北京具有较明显的研发产业优势,反映了其作为首都和全国核心城市的地位,在人才培养和保有量方面集中突出；天津、上海、江苏、陕西次之,明显优于全国其他地区；辽宁、吉林、浙江、四川等近似于全国平均水平,广东、湖北稍高。

加工制造环节在行业分类中基本集中在制造业领域,因此选取制造业统计数据近似代替加工制造环节企业的汇总数据。同样采用人口指标,即制造业从业人数占地区人员总数的比重,来表示制造业的地区专业化程度。总体来看(见图 5-6),浙江、江苏、广东是制造业产业优势发展的地区；其次为天津、河北、山东、上海、福建、江西略高于全国平均水平；北京低于全国平均水平。我国制造业还处于相对较低的发展水平,加工制造环节在产业链上属于技术需求相对较低的环节,主要表现为依靠对土地、自然资源及劳动力等普通生产要素的要求较为突出,位于价值链分配相对较低的位置。制造业的产业地区分布状态虽然可以大致反映我国不同地区的资源占有优势,但部分地区也可能会受到地区定位和产业调整政策等因素的影响。

销售服务环节处于产业链的末端,包含的行业比较多,技术水平差异大,既有存在于企业内部的部门,也有区域内独立存在的服务行业或部门,统计难度大。因此以批发零售业和商务服务业数据近似度量产业链的销售和一般服务环节的地区分工情况。整体上看(见

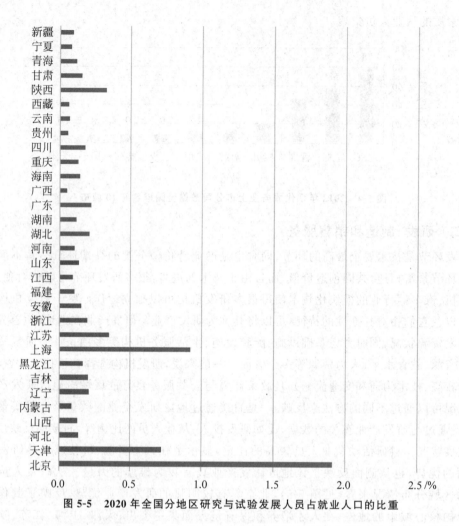

图 5-5 2020 年全国分地区研究与试验发展人员占就业人口的比重

图 5-7），批发零售业在全国地区间并无太大的差别，广东、湖南、福建、河南、上海、江浙地区稍高，高于全国平均水平（14.11%），但比较来看，我国在产业分工的营销环节整体水平不高。20 世纪中叶以来，随着第三次工业革命的推进，西方国家产业结构发生了巨大变化，服务业迅速发展，表现为服务业增加值和就业比重快速持续上升，并逐渐占据主导地位，显示出由工业经济向服务经济或后工业社会过渡的趋势。数据对比显示，1870 年，经济合作和发展组织 16 个成员国第三产业的平均就业比重是 23.7%，而到了 1976 年则提高到了 55.6%。[①] 租赁和商务服务业是生产性服务业的一个重要组成部分，主要是为生产、商务活动提供服务的行业，是社会分工深化的结果。一般而言，市场经济的发展水平越高，对租赁商务服务行业的需求越大。目前租赁和商务服务业作为生产性服务业的一种在我国还处于比较落后的状况，即使在制造业比较发达的地区也是如此，仅在极少数的特大城市占有一定的比重，如北京和上海，因此全国的平均发展水平也比较低下（见表 5-1）。

---

① Irving Leveson, J W Wheeler. Western Economics in Transition: Structural Change and Adjustment Policies in Industrial Countries[R]. Hudson institute, U.S., 1980: 46.

第五章 区域集聚——职业教育专业集群发展的产业基础

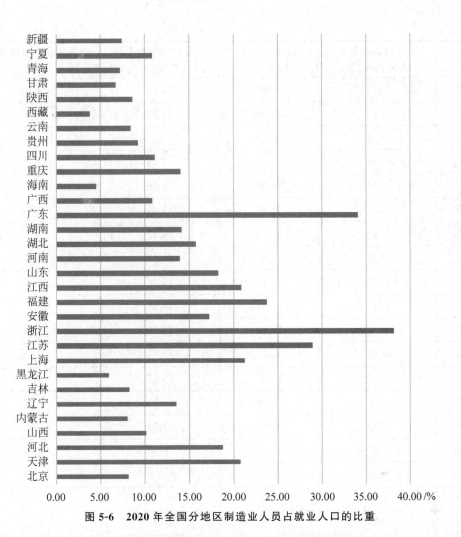

图 5-6 2020 年全国分地区制造业人员占就业人口的比重

表 5-1 2020 年全国产业分工分地区发展水平

地区	研究与试验发展人员比重/%	制造业人员比重/%	批发和零售业人员比重/%	租赁和商务服务业人员比重/%
北京	1.91	8.19	13.63	8.13
天津	0.72	20.71	13.16	3.87
河北	0.14	18.74	13.74	2.23
山西	0.13	10.16	11.14	2.10
内蒙古	0.09	8.03	11.56	1.95
辽宁	0.21	13.56	13.76	2.67
吉林	0.21	8.23	11.49	1.15
黑龙江	0.17	5.96	14.06	2.47
上海	0.92	21.21	15.32	7.22

续表

地区	研究与试验发展人员比重/%	制造业人员比重/%	批发和零售业人员比重/%	租赁和商务服务业人员比重/%
江苏	0.35	28.99	15.21	3.10
浙江	0.20	38.16	14.87	2.75
安徽	0.16	17.24	13.50	2.32
福建	0.11	23.72	17.04	2.17
江西	0.09	20.91	14.39	2.84
山东	0.14	18.26	13.09	2.69
河南	0.11	13.95	16.83	2.54
湖北	0.22	15.81	14.53	2.77
湖南	0.12	14.12	15.22	2.87
广东	0.22	34.01	16.87	2.97
广西	0.06	10.85	12.87	2.11
海南	0.14	4.57	12.87	3.24
重庆	0.13	14.03	13.97	3.06
四川	0.18	11.16	13.52	2.41
贵州	0.06	9.25	11.52	2.10
云南	0.07	8.45	10.03	1.71
西藏	0.07	3.90	8.26	3.18
陕西	0.33	8.71	12.58	2.68
甘肃	0.16	6.80	10.22	2.04
青海	0.12	7.25	11.69	2.45
宁夏	0.09	10.88	12.51	2.19
新疆	0.10	7.45	12.83	2.79
全国	0.21	18.06	14.11	2.74

资料来源：根据 2020 年全国第七次人口普查数据整理计算。

二、区域内产业集聚

上述地区产业从业人员占有比重用于衡量产业地区集中和专业化程度的绝对规模，而区位商表示的则是产业内分工在区域间的相对规模。区位商法[①]（location quotient，LQ）是由 Haggett 提出的区位分析方法，可以用于判断区域是否存在产业集聚的现象，是经济学中

---

① 北京师范大学经济与资源管理研究院,西南财经大学发展研究院,国家统计局中国经济景气监测中心.2014 中国绿色发展指数报告：区域比较[M].北京：科学出版社,2014：199.

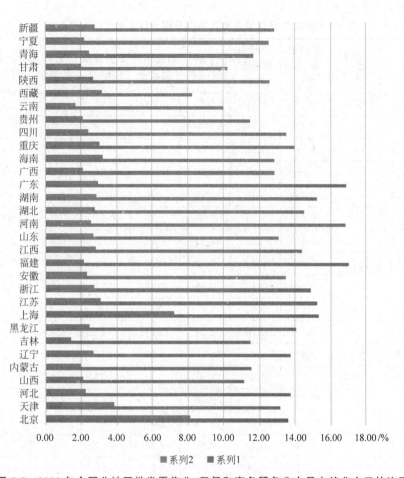

图 5-7 2020 年全国分地区批发零售业、租赁和商务服务业人员占就业人口的比重

常用的分析区域产业布局和产业优势的指标。如果 LQ>1,意味着某个产业在这个区域有一定的专业化水平,LQ 值越大专业化程度越高,比较优势越大;如果 LQ=1,说明该行业在当地的生产能力或雇用劳动力比例与全国水平相等;如果 LQ<1,表明该产业专业化程度低于全国水平。

(一)制造业行业集聚

从绝对规模来看(见表 5-2),制造业在天津、上海、江苏、浙江、福建、广东等地较为发达。但从制造业内部来看,整体上江浙和广东地区属于优势明显的制造业集聚区,在纺织服装服饰业、橡胶和塑料制品业、金属制品业、设备制造业和家具制造业等均较为突出;上海、天津在纺织服装服饰业和家具制造业上低于全国平均水平,集中于食品制造、金属制品、设备制造;福建的制造业多集中于纺织服装服饰业、橡胶和塑料制品业和食品制造业。其他地区虽然不具有制造业的整体发展优势,但在细分的某些行业上也拥有相对比较优势,例如北京、吉林、湖北、重庆的汽车制造业,安徽、江西、湖北的纺织服装服饰业,以及江西的家具制造业、新疆、内蒙古、宁夏等地的食品制造业。从细分的行业内部分析行业的地区发展情况,可以更清楚地认识不同地区的行业集聚类型、特点,从而进一步研究不同行业的从业要求,更有针对性地促进行业发展或作出调整。

表 5-2 2020 年我国制造业及其部分细分行业地区分布区位商

地 区	制造业	食品制造业	纺织服装、服饰业	橡胶和塑料制品业	金属制品业	通用设备制造业	专用设备制造业	家具制造业	医药制造业	汽车制造业
北京	0.45	0.89	0.13	0.16	0.28	0.44	0.92	0.29	2.22	1.21
天津	1.15	1.49	0.53	1.16	1.30	1.59	1.53	0.98	2.19	2.57
河北	1.04	1.08	0.76	1.25	1.62	1.26	0.76	1.12	1.16	1.01
山西	0.56	0.95	0.07	0.21	0.76	0.51	0.56	0.20	0.80	0.22
内蒙古	0.44	1.50	0.09	0.18	0.43	0.20	0.27	0.18	0.90	0.12
辽宁	0.75	0.88	0.68	0.67	0.81	1.19	0.65	0.52	0.83	0.97
吉林	0.46	0.73	0.17	0.21	0.32	0.31	0.30	0.26	2.31	2.81
黑龙江	0.33	0.94	0.10	0.29	0.30	0.40	0.34	0.39	0.76	0.20
上海	1.17	1.27	0.46	1.18	0.99	1.88	2.10	0.76	2.26	3.17
江苏	1.60	0.87	1.53	1.65	1.60	2.67	2.47	1.03	1.41	1.78
浙江	2.11	0.68	2.80	2.79	2.24	2.99	2.46	1.93	1.36	2.48
安徽	0.95	1.00	1.60	0.97	0.77	0.88	0.75	0.87	1.08	1.14
福建	1.31	1.63	1.28	1.28	1.13	0.63	0.87	1.12	0.52	0.58
江西	1.16	1.04	2.38	0.63	0.87	0.52	0.63	2.53	0.92	0.41
山东	1.01	1.42	0.74	1.16	1.03	1.38	0.98	0.75	1.24	1.04
河南	0.77	1.47	0.71	0.41	0.54	0.73	0.63	0.64	1.11	0.43
湖北	0.88	0.84	1.72	0.56	0.65	0.64	0.63	0.70	1.10	1.62
湖南	0.78	1.01	0.57	0.47	0.70	0.60	0.74	0.74	0.61	0.48
广东	1.88	0.94	1.99	2.62	2.30	1.13	2.15	2.21	0.79	0.98
广西	0.60	0.63	0.62	0.35	0.43	0.26	0.38	0.52	0.43	0.63
海南	0.25	0.55	0.06	0.30	0.24	0.06	0.18	0.19	0.95	0.06
重庆	0.78	1.07	0.40	0.57	0.58	0.85	0.56	0.82	0.92	2.68
四川	0.62	0.83	0.48	0.46	0.50	0.50	0.49	1.38	0.73	0.52
贵州	0.51	0.69	0.24	0.41	0.48	0.31	0.30	0.58	0.46	0.19
云南	0.47	0.71	0.20	0.43	0.46	0.20	0.26	0.53	0.50	0.18
西藏	0.22	0.54	0.17	0.04	0.22	0.08	0.17	0.59	0.35	0.01
陕西	0.48	0.75	0.12	0.26	0.42	0.66	0.50	0.29	0.67	0.62
甘肃	0.38	0.76	0.07	0.19	0.37	0.34	0.31	0.19	1.22	0.09
青海	0.40	0.62	0.06	0.16	0.37	0.13	0.23	0.17	0.44	0.05
宁夏	0.60	1.23	0.09	0.36	0.51	0.38	0.46	0.28	1.13	0.07
新疆	0.41	1.04	0.34	0.40	0.28	0.12	0.22	0.23	0.38	0.04

数据来源：根据 2020 年第七次全国人口普查数据整理计算。

(二)生产性服务业行业集聚

生产性服务业通常是指为其他产品或服务生产提供中间需求的服务行业,几乎涵盖了包括与信息相关的服务活动(如传媒服务等)、与实物商品相关的服务活动(如售后服务、物流管理等)以及与个人支持相关的服务活动(如保洁服务等)。生产性服务业是为其他企业提供服务的,通常包括银行、保险等服务领域。根据《国家统计局国家发展和改革委员会关于印发〈生产性服务业分类(2015)〉的通知》(国统字〔2015〕41号),生产性服务业的分类包括为生产活动提供的研发设计与其他技术服务、货物运输仓储和邮政快递服务以及生产性支持服务等。其后,在2019年又进行了修订更新,并形成《生产性服务业统计分类(2019)》。结合有关统计数据及其可获得性,本书生产性服务业的统计范围包括批发和零售业、交通运输、仓储和邮政业、信息传输、软件和信息技术服务业、金融业、租赁和商务服务业、科学研究和技术服务业、居民服务、修理和其他服务业。

整体上分析,我国大部分地区的生产性服务业的相对集聚水平还比较低,2018年度大于1的省市只有9个,十余年来,个别地区下降趋势明显,总体上表现出由北向南发展的转移性现象。从生产性服务业的地区集中分布来看(见图5-8),生产性服务业主要在少数几个大城市比较发达,北京的生产性服务业虽然逐步降低,但相对集聚程度最高,区位商计算值远远高于其他城市和省份地区。从区域间比较来看,并不像制造业的地区差异性较大的分布,东、中、西地区分布差异并不明显,甚至某些中西部省份的集聚水平还比较高,如云南、海南、重庆、陕西等。按照有关生产性服务业研究结果,在制造业集聚发展的基础上会衍生出大量的生产性服务需求,有相当多的服务行业是从制造业中分离外包出来的,即制造业发

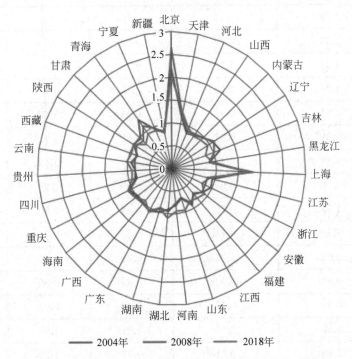

图5-8 我国生产性服务业分地区区位商变化图(2004—2018)
资料来源:根据历次《中国经济普查年鉴(2004、2008、2018)》整理计算。

达的地区,生产性服务业的集聚程度也应相应的较高。但从数据分析来看,浙江、江苏、吉林等地的生产性服务业区位商都比较低,还呈现下降发展的趋势,与其作为制造业较为发达地区的地位并不相称。

从生产性服务业的行业分布来看(见表5-3),除了交通运输、仓储和邮政业地区间差别不大,我国大多数省市地区生产性服务业集聚程度仍处于较低水平,尤其是在信息服务、金融和科学技术服务业等行业部门,多数省区集聚水平指数均小于1。分行业分地区比较来看,各细分行业的区域相对集聚程度仍是集中在北京、天津、上海等少数几个大城市,整体上都高于其他地方。其余省市地区中,即使在江苏、浙江、福建等制造业发达的经济大省,其生产性服务业各细分行业的集聚指数也并不高。广东省只在金融业集聚程度较高。既反映了我国行业集聚发展地区间不均衡的特征,同时也表明我国不同地区产业发展各有侧重和优势的特点。

表5-3 我国生产性服务业部分细分行业分地区区位商(2018年)

地区	交通运输、仓储和邮政业	信息传输、软件和信息技术服务业	金融业	租赁和商务服务业	科学研究和技术服务业
北京	0.72	1.95	1.52	1.16	1.63
天津	1.06	0.97	1.86	1.24	1.24
河北	1.09	0.73	0.59	0.81	1.02
山西	1.36	0.71	0.95	0.88	0.91
内蒙古	1.37	0.72	0.76	1.03	1.04
辽宁	1.29	1.12	0.70	0.99	0.88
吉林	1.33	0.99	0.91	0.78	1.16
黑龙江	1.43	1.17	0.74	0.86	0.91
上海	1.04	1.30	2.15	1.21	0.93
江苏	0.91	0.93	0.54	1.03	1.08
浙江	0.89	0.97	0.82	1.10	0.82
安徽	1.13	0.79	0.73	1.02	0.88
福建	0.90	0.99	0.63	0.90	0.67
江西	1.50	0.70	0.54	0.90	0.71
山东	1.10	0.71	0.55	0.76	0.89
河南	0.92	0.79	0.31	0.81	1.06
湖北	0.90	0.92	0.82	0.86	1.00
湖南	0.91	0.77	0.37	0.93	1.18
广东	0.88	1.19	1.91	1.05	0.93
广西	1.13	0.71	0.77	1.20	0.94
海南	1.52	1.02	1.01	0.97	0.99

续表

地区	交通运输、仓储和邮政业	信息传输、软件和信息技术服务业	金融业	租赁和商务服务业	科学研究和技术服务业
重庆	1.10	0.71	0.76	1.02	0.71
四川	1.00	1.06	0.95	1.16	0.99
贵州	0.96	0.67	0.86	1.14	0.79
云南	0.99	0.60	0.76	0.96	0.90
西藏	0.98	0.82	0.69	1.29	0.90
陕西	1.08	1.06	1.00	0.92	1.08
甘肃	1.24	0.75	1.20	0.81	1.30
青海	1.17	0.68	0.95	1.20	1.11
宁夏	1.26	0.56	2.18	1.12	0.96
新疆	1.35	0.73	0.95	1.16	1.09

资料来源：根据中国经济普查年鉴(2018)整理计算。

三、集群发展典型地区

从产业集聚的地区分布来看，我国产业集聚主要以浙江的块状经济(massive economic)和广东地区的专业镇经济(industry town economic)为代表。浙江产业集群以传统产业为主，如纺织、服装等，中小企业居多。广东专业镇的主要特征包括：一是独立的行政区域，即地域上是国家按行政建制设立的一个行政区域。二是特色产业聚集。一般有一个或几个明显的特色产业为主导，以主导产业为核心，集聚了较多的企业，企业沿产业链形成纵向或横向的分工体系。三是专业化配套协作。专业市场与产业联动是专业镇经济的一个鲜明特征，形成两者互为依托、联动发展的产销一体化格局。

（一）浙江块状经济

从20世纪80年代到90年代初期，随着农村剩余劳动力的大量出现，家庭工业、联户企业开始出现并迅速蔓延，并通过联合等形式逐步发展成为大型企业，为块状经济发展模式初步形成奠定了基础。20世纪90年代以后，浙江产业集群逐步进入规范化发展阶段，企业开始引进建立现代企业制度，和国内外科研机构和教育部门合作，促进企业管理水平和技术水平的提升，提升企业的核心竞争力。在政府部门的推动下，通过规划建立工业园区的模式，使得产业集群的发展得到进一步提升。有研究者通过对温州模式进行深入研究，总结出以下特征：①在产业组织形式上，经历了从个体家庭工厂联户企业发展到以龙头企业为核心的产业集群；②在产业技术变化上，从最初的手工生产为主到引进国际先进技术设备；③在产品演进上，从模仿、仿造式的生产到区域性和全国范围的贴牌生产；④在市场面向上，由国内低、高端市场逐步向国际低、高端市场发展。[①] 经过多年的发展，浙江产业集群已经形成以市场网络和专业化分工为特点的成体系的产业集群。

---

① 盛世豪.从产业集群视角看温州模式[J].浙江社会科学,2004(2):29-33.

(二) 广东专业镇经济

(1) 从专业镇产生的动力角度分,分为内生型专业镇和外生型专业镇。① 内生型专业镇有的是在原有产业的优势基础上发展起来的,如南海西樵的纺织品;有的是源于早期的乡镇企业和工业基础,如顺德北滘和容桂的家电专业镇;也有的是借助本地专业市场的带动,如顺德乐从的家具市场。即内生型专业镇基本上都是原有地方企业发展的衍生,在本地逐渐形成了完善的产业链。也有的最初来源于外部产业的转移,但在发展过程中与地方逐渐融合,实现了本土化特征的发展。外生型专业镇多是通过招商引资,承接外部产业转移的结果。外生型专业镇即主要是由外来资金、技术的支持而发展起来的,其产业与当地原有的产业没有很大的关联性,一般是国际专业化分工、产业转移的结果,体现为专业镇内的企业之间在纵向上高度相关。如专业镇发展初期东莞、中山等地主要承接了来自中国台湾、中国香港和日本等地区和国家制造业的转移,一些产业在区域内形成一定规模,形成产业集聚而发展成专业镇。

(2) 从专业镇的产业链特征来看,广东专业镇的区域经济集聚主要表现为两种:一种是中小微企业横向一体化,另一种是大型企业的纵向一体化。中小微企业的横向一体化主要表现为生产同种或同类产品的企业,虽然彼此间可能并没有业务上的联系,也并不存在产业分工,但是它们是在同一个镇的区域范围之内集聚,镇内因为有着相同或相似的生产厂商、产品以及需要的一些服务如销售平台。专业镇内部的集聚效应通过专业镇区域经济所表现的横向一体化得以强化,吸引并导致同类生产厂商、提高同类产品与服务的外部资源向该地区聚集,从而形成产业集聚。据相关报道,2011 年,广东省专业镇平均企业集聚度达 1130 个/镇,珠三角企业平均集聚度达 2286 个/镇。② 大型企业纵向一体化的产业集聚只是在少数以外资企业为主或从事电子产品生产的地区出现,广东专业镇的区域经济发展主要还是以横向一体化的集聚为主,经过长期本土化的发展,专业镇发展形成了完整的产业链;一方面,专业镇内企业之间因其明确的分工和相互之间的无缝衔接形成了一条完整的产业链,另一方面,专业镇之间以其特色产业形成了相互关联产业链发展形态。例如,伦教木工机械、龙江家具制造基地、容桂涂料和乐从家具营销中心共同形成了顺德家具制造业;中山市形成的五金制品和家电产业链由古镇、南头、小榄和东凤等四镇构成。③

综上,从产业链的纵向分工来看,我国产业发展在总部经济、研发、生产制造到产品销售及售后服务各环节的集聚上主要集中在价值链的中间环节;而从产业的地区横向集聚来看,制造业主要集中于少数几个省份,而且各地区在相同产业内更加细分的行业集聚程度不同,服务业尤其是生产性服务业作为制造业发展的重要支撑,即使在制造业发达的省市地区,其相对集聚规模也还处于较低的水平,在我国发展水平整体上还非常落后,仅在少数几个特大城市中发展。

---

① 贾文凯.广东省专业镇经济形成机制与发展研究[J].华南农业大学学报(社会科学版),2006(S1):197-203.
② 广东:专业镇 GDP 总量力争 5 年突破 2.5 万亿元[EB/OL].http://news.xhby.net/system/2012/07/20/013840860.shtml.
③ 叶青.技术创新推动传统产业转型升级[N].广东科技报,2011-01-07.

第三节 我国产业集群特征及其创新发展需求

综合分析而言,我国产业集群发展存在行业性和地域性差异,以传统制造业集聚为主要特征。地区内产业集聚规模和产业链分工水平比较低,集群内企业以中小微企业为主,技术创新不足,推动集群转型升级的要求十分迫切。我国产业集群升级过程中,需要结合产业的不同地区分布、产行构成和专业人才需求特点进行。

一、地区分布特征

我国产业集群的地域分布和集中特点将导致其对人才需求表现出一定的区域性特征。首先,从区域间产业分工特点来看,在企业总部经济环节,无论是制造业还是服务业,企业总部经济呈现出集中于发达地区城市的特征;在其余环节上,位于价值链两端的研发和服务环节整体发展水平不高,主要在大型城市出现,加工制造环节明显地分布并且集中于东部几个省份地区,尤其是江苏、浙江和广东地区。其次,从区域内产业分工特点来看,产业集聚的区域特征表现为不同的省份地区显示出在相同产业不同行业集聚优势的特点,例如北京地区,虽然制造业整体发展相对规模水平较低,但在汽车制造业、医药制造业等行业领域却具有明显的集聚优势。最后,从集群发展和产业转移趋势来看,随着我国产业调整和升级的加快,一些东部地区的产业集群将逐步向内陆省份地区转移,相应地也会引起对产业发展所要求的专业人才需求,呈现出不同的区域需求特点。

二、产业构成特征

综合而言,我国产业集群发展呈现以下特征:从产品价值链的角度看,我国产业集群呈现出一种中间大、两头小的组织结构,长期处于价值链的底端部分[①];从产业组织结构看,我国产业集群几乎全是中小企业群生型,而且大多数为个体和私营企业,缺少大中小企业共生型的产业集群。由前文分析可知,广东专业镇的产业结构以传统产业为主,大部分产业处于全球价值链的低端,所生产的产品附加值比较低,随着劳动力成本的逐渐上升,以低成本为主的竞争优势已不复存在,以技术创新是当前专业镇优化产业结构、提高产品竞争力、提升专业镇在全球价值链中地位的重要突破口。

随着全球经济危机的到来,传统的资源消耗型发展模式已经不能适合时代的发展,传统制造业产业必须采取新的变革措施。延长产业链,向着微笑曲线的两端延伸,转型生产高附加值的产品,增加设计产业,将低端的制造转向现代制造,是传统制造业产业转型发展的一条可行路径。例如,广东佛山顺德区的北滘镇以其雄厚的制造业基础和工业经济的根植性,决定了其需要更多更优质的工业创意设计产品,为此,在原有产业链上游发展工业设计与创意新兴产业,是顺应产业链延伸的结果,即沿着传统以制造业资源为基础的产业链向上游发展。为促进产品原型创新和推动产品原型创新成果的开发转化,北滘镇联合高校教育机构、行业协会成立"工业设计基础数据研究中心",将北滘镇打造成工业设计的中心,通过承担基

---

① 吴利学,魏后凯,刘长会.中国产业集群发展现状及特征[J].经济研究参考,2009(15):2-15.

础性、系统性、平台性、技术共性等方面的重大课题,面向地区乃至全国辐射工业设计产业所需要的数据和信息。早在 2012 年,北滘镇就成立了广东省首个镇级产学研公共服务平台——协创产学研促进中心,通过该中心北滘镇获得了广东省工业设计领先高校广东工业大学、家具设计与制造专业在高校名列前茅的本地大学顺德职业技术学院以及在当地设立了分校区的南方科技大学、中国人工智能学会智能制造专业委员会等机构的参与和支持[①],有力地支撑了北滘镇设计产业的发展。

三、专业人才需求特征

一是对新型技术设备操作和维护人才的需求。目前,我国产业集群主要集中于第二产业中的制造业,大多属于劳动密集型,以低成本和低技术为主要特征。为此,集群需求主要是在产品生产环节的技术技能型人才。随着技术的发展,一方面,企业的生产设备不断更新,另一方面,技术技能型人才的紧缺和劳动力成本的上升,使得许多企业在更换了新型生产设备的同时却缺乏相应的技术设备的操作人员。由于技术的进步所导致的新的生产环境和条件下企业所需要掌握最新技术设备原理和操作的人员的缺乏,必然严重阻碍集群的创新和升级发展。二是对集群创新的跨专业复合型人才的需求。其一,是由我国产业集群的现状特点及其产业集群实现升级要求决定的。其二,是实现技术创新的要求。技术创新是一个极其复杂的系统和过程,不仅要求技术创新主体懂得特定产品、对象的技术特点或操作性知识,还应该具备一定的相关专业知识以及敏锐的观察能力和把握市场需求的意识等实践性的能力。其三,集群管理创新的要求。随着劳动力成本和企业管理方式现代化程度的提高,具有传统优势的集群企业必须进行经营管理创新,集群合作需要一大批既懂技术又懂管理的综合性合作型人才,推动集群形成既竞争又合作的发展机制。

---

① 曾庆斌.北滘成立广东首个镇级民办产学研平台[N].佛山日报,2012-06-14.

第六章

专产协同——职业教育专业集群发展的建设定位

在产业集群演变需求和我国产业集群发展现状的基础上,为了更好地服务于产业集群的发展,应根据产业集群的现状特点有针对性地开展专业集群建设。目前我们正处于专业集群建设探索的初始时期,因此明确专业集群的发展定位尤其重要。在产业集群的演变过程中,不同地区由于不同的形成条件和机制产生了不同的产业集群类型,既有内生型的也有外生型的,既有高技术产业集聚区也有传统产业集聚区,地区分布差异较大,分析把握产业集群的类型特征及其地区分工特点成为专业集群体系建设的需要。专业集群体系建设的具体过程中,应该遵循什么样的原则,建立何种体系,如何根据地区产业、专业的发展现状分析和构建专业集群体系成为本章研究的重要内容。

第一节 职业教育专业集群的建设特点

专业集群既对产业集群背景下专业如何发展的现实回应,如何建立起与产业集群需求相适应的专业体系,也在理论反思的基础上建构了专业集群丰富的内涵和特点。专业集群的集群含义与产业集群不同,其没有产业集群的自发集聚性特征,职业属性决定了职业教育的专业随着产业间及产业内的分工变化而创新发展,职业教育的专业建设只能通过对应产业形成彼此的联结关系。因此,专业集群是面向特定区域的产业集群而存在,需要随着产业集群的变化而变化,具有区域性和依存性等特点,决定了其服务对象、建设目标和集群体系建设都以适应和满足产业集群需求特点为基础。首先,产业集群的客观需求决定了职业教育专业人才培养的规模、数量、层次和地域性等特点;其次,集群组织的特点要求专业集群发展在区域内的专业形成相互衔接、异质发展的专业体系和模式。最后,专业集群的专业联系是回应产业集群中产业间的相互关系及其随着分工体系而深化发展的特征要求形成的,是集群思想优化应用形成的专业间相互联系的专业结构体系。

概言之,专业集群以服务特定产业集群为对象,在产业发展中根据产业集群的生发需求为集群组织的产生、转型与创新升级提供相应的智力、知识和技术等方面的支持,并根据不同的要素组合形成地区内跨部门、跨院校的专业综合体。产业集聚地区职业教育专业集群发展的体现是,职业教育专业围绕地区产业集群建设,区域内相关专业呈现有组织地集中发展现象,不同院校相关专业的建设面向产业集群的不同层次和不同环节,集群内各专业依据产业联系而联结发展,相近或相同专业呈现不同的专业设置方向的差异化发展模式。由于随着技术变化导致的产业集群升级发展,专业调整随之逐步深入,专业分工愈加细化,专业方向更加具体,人才培养针对性更强。应具有如下特点。

一、依存性

专业集群的建设是面向特定区域的产业集群而存在的,需要随着产业集群的变化而变化,这就决定了其服务对象、建设目标和体系建设都以适应和满足产业集群需求为基础,以促进地区产业集群的生成、升级和创新发展为目标。依存性的特点既明确了专业集群的建设依据,也决定了专业集群的存在方式。

二、区域性

专业集群的首要特点即在于专业集群跨越了专业建设只在院校内部进行的局限性,从区域层面统筹专业的设置与管理,是形成地方职业教育特色化和专业结构异质化的发展之路,是增强区域发展内生力的重要力量;区域性特征拓展了职业教育专业的内涵,使得专业集群不仅是教育系统内部的新型专业组织,还赋予了专业集群的管理职能,扩大了专业集群的应用范围。

三、动态性

传统的专业建设由于专业与产业缺乏具体的服务对象和有效的联系机制,导致专业设置与调整不能及时跟随产业的发展变化,专业的人才培养难以满足产业发展的新兴人才需求。专业集群建设依产业集群形成与发展的不同阶段的需求来组织引导专业建设,建立起顺应产业集群分工和集群创新的专业体系,更加有利于专业顺应产业变化发展,促进区域内职业院校加强联系和专业衔接,进而推动不同层次职业教育的协调发展。

第二节　职业教育专业集群的建设依据

一、满足不同类型产业集群的创新要求

(一)产业集群的类型及其特征

产业集群是企业间的中间组织形式,其分类标准与传统的产业分类系统并不一致,综合研究来看,几种较为常见和典型的产业集群分类如下。

1. 按集聚产生机制划分

按产业集群产生的动力机制划分,可将其划分为内生型产业集群和外生型产业集群。内生型产业集群是指主要基于地方的资源优势,经过长期的积累和演变形成的产业集群,如安溪茶叶、景德镇瓷器、江浙的丝绸等。外生型产业集群又称为嵌入型产业集群,一般是通过当地政府创造良好的外部环境、优惠的投资政策,完善基础设施,由外资的推动而发展起

来的产业集群,例如东莞电子产业的集群发展。

2. 按集群形成性质划分

1998年,联合国贸易和发展会议秘书处根据集群企业的技术水平及其相互协作的程度等标准,将产业集群分为非正式集群、有组织集群、创新型集群、科技园区和孵化器以及出口加工区五种类型。① 此后,林恩、法瑞内利根据联合国贸易和发展会议加以修改分为三类:①非正式集群。从地区分布来看,非正式集群目前主要分布在发展中国家,尤其是不发达国家企业集聚的主要形式。其生产技术水平落后,企业间缺乏信任和联系沟通机制。②有组织的集群。有组织的集群以小企业居多,企业间建立了相互交流和联系的渠道。企业一般通过实施企业培训和"学徒制"项目来提高工人的水平,以增强企业发展的技术创新能力。③创新型集群。狭义的创新型集群是指企业间出于创新发展的需要组成的某种联盟形式的合作关系组织;广义的创新型集群,还包括企业出于业务交往需要与一些非正式接触和交流的其他机构形成的合作组织②。这三类产业集群的性质特征如表6-1所示。

表6-1 按集群形成性质划分的三类产业集群特征

项目	非正式集群	有组织的集群	创新型集群
关键参与者参与度	低	低到高	高
企业规模	个体、小	中小企业	中小企业和大企业
创新	几乎没有	有些	持续
信任	几乎没有	高	高
技能	低	中	高
技术	低	中	中
关联	有些	有些	广泛
合作	几乎没有	有些、不持续	高
竞争	高	高	中到高
产品创新	几乎没有	有些	持续

资料来源:Lynn Mytelka, Fulvia Farinelli. Local Clusters, Innovation Systems and Sustained Competitiveness[R]. The United Nations University, Institute for New Technologies, 2000.

3. 按集群企业间联系划分

马库森通过对美国、日本等国内经济增长水平较高的区域进行研究,概括提出五种典型的产业区类型:马歇尔式、轮轴式、卫星平台式、国家力量依赖型和混合型产业区。③ 基于马库森的分类,彼得等通过对发展中国家产业集群的研究,认为意大利式(马歇尔式)、卫星式和轮轴式是产业集群发展的几种典型类型(见表6-2)。

---

① 骆静,聂鸣.发展中国家集群比较分析及启示[J].外国经济与管理,2002(3):13-17.
② 李刚.创新型产业集群知识传导机理研究[D].武汉:武汉理工大学,2013:144.
③ Ann Markusen. Sticky Places in Slippery Space: A Typology of Industrial Districts[J]. Economic Geography, 1996,3(72):293-313.

表 6-2　按企业间联系划分的三类产业集群特征

项目	意大利式	卫星式	轮轴式
主要特征	分工明确,信任关系	从外部获得资源,劳动力成本低	大中型企业为主,等级制度
优点	柔性专业化	成本优势,技能或隐性知识	成本优势,大企业作用凸显
缺点	适应外部环境与技术突变能力不足	专利、专有知识的缺乏影响其竞争优势	依赖少数大企业的绩效
发展轨迹	内部劳动分工的变迁,部分活动外包给其他地区	因跟进领先者而产生	跟随大企业停滞衰退或内部分工变化升级

资料来源：Peter Knorringa, Jorg Meyer-Stamer. New Dimensions in Local Enterprise Co-operation and Development: From Clusters to Industrial Districts[R]. The Hague and Duisburg: Contribution to ATAS Bulletin XI, "New Approaches to Science and Technology Co-operation and Capacity Building", 1998(10): 1-25.

(二) 不同类型集群的创新要求

如前所述,全球化时代成长起来的产业集群可以概括为两种类型：一种是内生型或原生型的产业集群,另一种是外生型或嵌入式产业集群。内生型产业集群提高竞争力的方法是深度嵌入国际供应链之中,形成自主的研发实力,根据产业集群升级和自身规模的扩张进行组织升级和管理革新；对于外生型的产业集群,则是要逐步形成本地的生产、销售网络,并提高产业集群的创新能力。以下按照较为通用的产业集群分类阐述全球主要国家常见不同类型产业集群的创新发展要求。

1. 卫星式集群的创新发展

(1) 集群概况。卫星平台式产业区一般是由基地在外部的多家工厂企业的分厂集合组成,往往位于落后地区或城市新建的开发区内。产业区内既可能存在日常装配商,也可能有高深的研究机构,其地位是独立性质的,没有上下游运营之间的联系,彼此间很少发生贸易关系和合作创新的关系,一般只是在产品方面与远距离控制的企业保持联系。因此,这种产业区的特点是缺乏地区内的联系或网络。产业区的劳动力,包括金融、商业服务专家以及管理和技术人才都来自区外垂直一体化企业的内部,而不是区域内,这也表明了劳动力的流出率很高,如跨国公司在劳动力成本低廉的地区建立的分支工厂。

(2) 产业特点。卫星平台式产业区一般出现在创新型集群发展的初期,其具有以下特点：第一,生产特点。产品价值链短或者自动化程度高,生产工序不可分离或者分离不经济。第二,技术特点。大企业的技术水平较高,从而使得配套企业难以匹配发展；或者地区产业的技术整体水平较低,降低了企业进入的门槛,不利于产业集中。第三,产业链特点。完全竞争的市场局面,企业间表现为弱垂直关系、强水平关系。[①]

(3) 创新要素。这种产业主要是异地产业的植入,往往又处于企业发展的初期阶段,缺乏与本地的联系与融入,而且彼此间也缺少联系,因此,创新的关键在于通过制度创新,形成适应地方文化环境的合作网络,逐渐培育具有地方特色的创新体系。

2. 轮轴式集群的创新发展

(1) 集群概况。在轮轴式产业区中,处于核心支配地位的大企业,也许是单一产业的垄

---

① 马建会.产业集群成长机理研究[D].广州：暨南大学,2004：169.

断者,也许是几个产业里彼此无关或者松散连接的中心企业,核心企业或机构并非本地化的企业,而且它们与外地的竞争者、顾客和供应商有着大量的联系,随着时间的推移,核心企业组织的周围形成和造就了大量的熟练劳动力和多样化的商业服务活动。供应商非常依赖于大企业,形成区域内缺少竞争的环境和为了共享风险或共同促进创新的合作关系,核心企业往往与外面的伙伴结成战略联盟。轮轴式产业区的劳动力市场有的位于核心企业内部,有的位于区内企业之间,但不如马歇尔式产业区劳动力市场自由灵活。从长远发展来看,由于产业区的核心主要依靠少数几家大企业的力量,小企业在劳动力获取和技术发展等方面缺乏竞争力,一旦区内的工厂和活动被核心企业带走或者把地方的资源放到新的不相关的部门,本地的小企业即面临严峻的生存困境。

(2)产业特点。轮轴式创新型集群出现于刚刚形成的产业集群以及较为成熟的汽车制造等行业,其具有以下特点:第一,生产特点。总成企业掌握关键产品的生产和加工,而配套企业主要以零部件加工供应为主。第二,技术特点。生产特点决定了总成企业拥有产品核心的技术和较高的水平,而配套企业的技术水平相对不高。第三,产业链特点。上下游企业之间分工明确,形成明显的垂直互动关系。[1]

(3)创新要素。由于配套企业的技术水平落后,因此往往难以满足大企业技术升级的要求,这种集群实现创新发展的关键在于促进配套企业的技术创新,形成地方龙头创新企业,再逐步带动产业链上其他企业的创新发展。

3. 马歇尔式集群的创新发展

(1)集群概况。马歇尔式产业区是对意大利产业成功经验的概括,其假定区域内企业与区外企业的联系和合作很少,主要的商业结构是由本地的小企业投资和生产决策组成的,企业的规模经济较低,大量贸易是在区域内由买主和卖主之间直接进行的,经常有长期的契约或承担义务。从地区内的劳动力市场来看,劳动力市场高度灵活,工人在企业间流动,工人和雇主居住在同一个社区,共同分享产业的秘密,形成统一的地方文化和产业的专门性知识。劳动力向区外的流动是最低限度的,外来劳动力的迁入只是在当地经济增长容许的时候发生。因此,区域劳动力市场具有稳定性的特点。马歇尔产业区拥有为独特的产品或产业所进行的专业化服务,如机械维修和产品营销等,还包括金融服务。

(2)产业特点。第一,生产特点。中小企业为主组成的地方生产体系,生产较为灵活,企业在单件产品的生产上有一定规模。第二,技术特点。企业产品的技术含量不高。第三,产业链特点。上下游企业间分工明确,形成了相互竞争与合作的网络关系。[2]

(3)创新要素。这种集群企业竞争的强度主要取决于价值链相同节点上企业数量的多少。[3] 由于这种集群主要是由中小企业组成,处于同一环节的企业数量比较多,企业间的竞争较为激烈。因此,这种集群的培育关键在于形成创新性的区域环境,促进中小企业与创新型的教育、科研机构互动发展。

职业教育的专业集群建设就在于从不同产业集群的类型特征、产业特点和创新发展要素分析入手,在对应专业的选择、专业人才的培养规模和技术人才的培养层次以及专业的设

---

[1] 马建会.产业集群成长机理研究[D].广州:暨南大学,2004:169.
[2] Bogliacino F, Pianta M. Engines of growth. Innovation and productivity in industry groups[J]. Structural Change and Economic Dynamics, 2011, 22(1): 41-53.
[3] 陈国宏,李凯.产业集群的组织分析逻辑:组织本质、效率与边界[J].财经问题研究,2009(1):37-42.

置方向等方面建立起适应产业集群特点要求的专业发展体系。

二、适应产业集群区域分工体系的需要

(一) 根据集群分工建设专业体系

职业教育依据产业集群进行专业建设应该建立在对产业集群深入分析的基础上,基于产业集群的产业分工特点和集群组织的链式发展特点来建设专业集群体系。

产业集群是运输成本与外部性共同作用的结果,在运输成本较高的情况下,企业为节约成本而发生集聚。在这种集聚中,外部性的作用是有限的,因为外部性或知识外溢所得到的收益不一定能够补偿要素流动所支付的成本。所以,此时的集聚往往是以资源禀赋为特征的。随着运输成本的降低,要素流动会大量增加,使得空间分布从集聚转向分散。但这种流动不一定会引起空间分布的分散化,反而会进一步引发集聚,从而形成产业链的纵向分工和横向集聚的空间分布特征。这种产业链的分工体系既有可能发生在某个国家和地区之内,也有可能跨越国度分布在不同的国家和地区。从全球一体化发展趋势来看,区域其实往往承担产业链国际化分工的某一环节的任务,即在产业链的研发、设计、生产和销售等环节上形成区域的横向集聚。

随着技术的发展,企业的生产方式也不断发生变革,模块化体制是现代产业集群的一种代表性模式。[①] 模块化生产就是把一个复杂系统分为若干既相互联系又独立的分系统[②],如汽车生产中的核心部件和零配件分别由不同的企业生产。无论是国际间还是国内地区间的分工体系发展,模块化的分工生产凸显的都是优势价值的创造,强调独立模块优势的最大化,各环节按照模块化生产的特点要求进行整体的精细化分工。这就需要职业教育实施主体发挥各自的人才培养优势,在地区相应的模块环节形成配套的人才培养体系,形成有效的不同类型人才的培养系列与集群,实现地域内专业系列的集群发展。

(二) 协调专业与职业变化要求

在职业教育领域,职业教育的专业并不是学科意义上的专业,而是对社会职业群或岗位群所需要的技能、知识、态度等职业能力的集合,以职业分析为基础的专业划分是国际上职业教育专业划分的常用方法。美国建设有专门的职业信息统计部门网站,如 O*NET 职业信息网是美国劳动部支持建设的,有详细的关于职业工作的描述,可供求职者、人力资源开发和人力资源专业人员、学生、研究人员等分析使用[③],便于实现职业分析的专业划分。我国由于缺少相关方面的专业而又全面的数据信息,使得地方部门和职业院校在进行专业设置或调整时缺乏依据。

从现实来看,由于地区间差异的存在,职业的变化会受到多种因素的影响,产业的变化调整同样影响地区内职业结构的变化,很难实现对职业变化规律的把握,使得职业教育的专业设置常常陷于盲目、被动的局面,导致职业院校在专业建设上缺少有效的抓手或可依据的模式。我国虽然统一颁发了中等职业学校和高等职业院校专业指导目录,但由于两者的管理部门不同,因此地区内职业院校间在专业联系上缺少了整体上的关联性。

[①] 王家庭.区域产业的空间集聚研究[M].北京:经济科学出版社,2013:22.
[②] 魏国江.价值链分工视角下现代产业发展研究[M].北京:经济科学出版社,2013:154-155.
[③] About O*NET[EB/OL].http://www.onetcenter.org/overview.html.

随着地区间产业结构调整的加快,产业的变化对劳动者的要求也不断发生变化。产业结构的演变升级与职业变化的一般特点是:在以农业生产为主的年代,由于生产对技术的应用要求程度不高,技术创新缓慢;以工业社会为核心的时期,由于技术应用的增加,企业不断追求对技术的改进,相应地提高了对劳动力技术水平的要求,职业变换加快;进入后工业经济社会以后,知识更新、信息技术的发展和应用速度缩短了工人技能的应用周期,传统职业岗位消失,新职业不断产生。这些都要求对专业分类及时做出调整,以培养更多样化的毕业生,为多样化的职业做好准备[1],以适应社会发展对新兴职业人才的需要。

(三) 实现专业地方化发展需要

职业教育的专业设置要突出灵活性,与地区行业、企业和经济发展紧密结合,充分体现地方特色,瞄准区域优势产业人才需求,进行专业管理。产业集群具有明显的生命周期,通常情况下,在产业集群的演变过程中,会同时存在成本降低、信息外部性和知识外溢等正效应和由于市场竞争和拥挤所导致的负效应,使得产业集群的生命周期经历产生、成熟到衰退三个阶段。或者经历产业集聚、集群形成、集群发展、集群成熟和集群转型五个阶段。[2] 由于产业集群的生命周期特征,在产业集群演变过程中,不同时期、不同类型以及不同区域可能呈现出不一样的特点,由此决定了职业院校专业的设置要与产业集群实现时空对接。此外,还要综合考虑教育内部的实际情况,有针对性地统筹安排区域内专业的布局、专业数量和类型分布。

因此,要建立适应地区发展的专业体系,针对不同院校特点引导学校根据自身办学性质和定位开办专业,突出办学特色。然而,从人才培养的角度分析,专业的不适当分类有可能限制某些要求具有特殊知识结构人才的成长,从而不利于创新和创造性人才的培养。[3] 根据职业教育的专业属性特征,职业教育区域专业体系的建设可以职业群为依据。职业群的思想源于德国,职业群就是把一些普通的职业按其宽泛的共同特征进行分组,将几种性质相近的职业归纳为一组或一群。1996年,美国教育部确定了16个职业群,2007年,全美已有50个州根据本区实际情况制定了职业群和职业群课程,美国职业技术教育协会(ACTE)报告称职业群的功能之一就是能够"为州政府实施基于本地劳动力市场数据的集群建设提供灵活性"[4]。以职业群为依据进行专业设置,专业并不是针对具体的工作岗位设计,而是面向一系列相互关联的职业群,为建立符合地区特点的职业教育专业体系奠定了基础。

专业集群派生于产业集群,根据产业集群的形成机制类型、集群性质以及集群企业间的联系等可以将产业集群分成不同的类型。综合世界各国产业集群发展的实践来看,产业集群典型的分类包括卫星式、轮轴式和马歇尔式产业集群,不同类型的产业集群具有相异的产业特点和集群创新发展要求。为此,专业集群需要结合具体区域的产业集群类型、特点建设,形成不同的集群建设发展模式。专业集群体系建设要求必须注重专业发展的普适性与

---

[1] Clark B R. Complexity and differentiation: The deepening problem of university integration, in Dill, D.D. and Sporn, B (ed.), Emerging patterns of social demand and university reform: through a glass darkly[M]. Trowbridge: IAU Press and Pergamon, 1995.

[2] Anderson T Hanson E W, serger S S. et al. The clusterpolicies white book[R].IKED,Stockholm, 2004.

[3] 卢晓东.文化传承与创新需要跨学科专业的建立与发展[J].科学新闻,2011(11):90-93.

[4] Howard R D Gordon.The History and growth of Career and Technical Education in America[M].Long Grove, Illinois: Waveland Press, 2014:399.

产业集群多样化的人才需求特点相结合,在专业集群体系建设上拥有更多的专业自主权,尽可能使得专业建设适应职业变化的需要,体现职业教育专业的职业属性特征。通过建设地方化的专业集群体系和管理系统,既可以更好地满足集群分工体系所带来的新特点,又可以借鉴职业群的发展经验,促进专业建设系统与职业体系更好地协调统一。

第三节 职业教育专业集群的建设原则

根据《中华人民共和国职业分类大典》(2015)、《国际教育标准分类法》(2011)、《普通高等学校本科专业目录》(2012)等标准中运用的分类思想和方法,结合我国地方经济发展实践,归纳如下地方专业集群体系建设原则,为职业教育的专业集群建设工作的完善提供依据。

一、普遍性与多样性相结合的原则

为适应职业变化的要求,早在2004年,教育部《关于印发〈普通高等学校高职高专教育专业设置管理办法(试行)〉的通知》(教高〔2004〕4号)中明确了专业设置"以职业岗位群或行业为主"的原则,以使得专业内涵体现"多样性与普遍性相结合"的特点,随同颁布的《普通高等学校高职高专教育指导性专业目录(试行)》(教高〔2004〕3号)将专业分为19大类,共532种专业。自此以后,每年都新增设《目录》外专业,截至目前,共增设638种目录外专业,《目录》内外专业总数达1170种。[1] 专业目录对于指导我国职业院校专业建设工作的开展起到了积极作用,但由于我国的特殊国情,沿海与内陆、东中西部之间的经济发展水平差距较大,加之部分省份文化多样性等特点,因此,不应只靠一套专业目录来涵盖各地的差别。[2]

首先,处理好地区间差异性。根据我国地区经济发展不平衡的实际情况和特点、不同地区发展水平差异很大的特殊性,东部发达地区的专业体系与西部地区一定会有所不同,即使在相同省份,地区之间的专业设置也会有所区分。为此,专业的划分与设置要全面研究分析各个地区的实际情况,除了具有普遍意义的全国指导性专业目录外,各省市地方政府和教育管理部门还可以编制或保留具有地方特色的补充目录,补充目录应适应地方产业发展的特殊需要。[3]

其次,注重专业知识的地方特殊性和个人适应性。在专业设置中,常有关于专业设置的口径问题难以有效处理,即专业口径宽窄的确定。如果专业口径过窄,会导致学生就业渠道窄,对社会和职业变化的适应性不够;如果专业口径过宽,又会产生诸如专业设置的市场针对性不强、社会吸引力不足等问题。其实,专业划分宽窄的问题不应该成为专业设置或者调整的绝对标准,专业口径的宽窄应当都是可以的,专业课程学习的知识是否有区别才是专业划分的核心关键。[4] 如此,其一,从地区专业知识体系建设的角度考虑,根据统一性的专业目录指导专业设置的模式,使得地方院校在进行专业设置与调整时,地方性的知识难以进入

---

[1] 中华人民共和国教育部. http://www.moe.gov.cn/jyb_hygq/hygq_zczx/moe_1346/moe_1353/201505/t20150508_187888.html.
[2] 吴智泉,江小明.哲学视角下的高职专业分类研究[J].职教论坛,2010(6):8-11.
[3] 李津石,李志宏.以指导性专业目录为依托 推动高职教育持续健康发展[J].中国高等教育,2005(1):37-39.
[4] 卢晓东.本科专业划分的逻辑与跨学科专业类的建立[J].中国大学教学,2010(9):10-15.

专业领域。① 其二，从个人专业发展的角度分析，统一性的专业指导目录由于缺乏地方性的特色，使得专业培养的学生难以满足地方化就业岗位的需求，缺乏专业的竞争力。因此，理论上而言，教育管理部门不应当限制专业指导性目录中的专业种数，这样才能为培养多样化的人才提供基础，使社会上人才的知识结构呈现多样化发展，知识结构的交叉学习也成为创新型人才培养的重要基础。

二、统一管理与自主设置相结合的原则

专业设置管理自主权是地方和学校拥有办学自主权的重要体现，也是提高办学质量、灵活办学管理体制的基础。只有拥有这种自主权，地方和学校才能积极主动地响应知识、技术和市场信息等方面的变化，应根据地方经济和产业的需求特点，对现有专业结构进行合理的布局、调整数量或者设置新的专业。美国政府对学校专业管理方面与其行政管理体制相同，宪法规定各州享有教育管理的自主权，联邦政府通过立法或经济等方式间接调节和干预教育事务，相比较而言，各地区院校的管理更多的是由州政府作为主体实施，包括对学校专业的管理以及对专业实施的鉴定和评价等。②

《国家中长期教育改革和发展规划纲要（2010—2020）》提出，"落实和扩大学校办学自主权"，学校可以在国家相关法律规定的范围之内和政策指导下，"自主设置和调整学科、专业"。2015年新修订的《普通高等学校高等职业教育（专科）专业设置管理办法》（教职成〔2015〕10号）要求，突出强调学校主体责任，学校根据有关规定"自主设置和调整高职专业"，而且规定除某些特殊专业外，可在《目录》中自主设置专业，在专业方向设置上，除规定不能涉及国家控制专业对应的相关行业，方向名称不能与专业目录中已有专业名称相同的要求外，可根据专业培养实际自行设置，无须备案或审批，赋予了高职院校专业设置的自主权。

由于管理归属的不同，区域内中职学校一般归地方部门管理，因此，还需要协调中高职间的专业设置，以利于不同院校专业的衔接发展，形成人才培养的地方系统性。2021年新修订的《职业教育专业目录》延续采用专业大类、专业类、专业三级的分类体系，并且更加注重专业在纵向层次上的衔接，不再将中高职专业目录单独分开，而是一体化设计了中职、高职专科和高职本科的不同层次专业，促进专业贯通衔接。同时，保持专业类型稳定发展的情况下兼顾专业及方向的灵活设置，支持职业院校根据地方实际需求探索设置新专业，可以增设目录以外的专业，形成具有地方特色专业内涵的专业方向。因此，在遵循教育规律的基础上，对区域内职业院校的专业管理应坚持中、高职统一协调与院校专业方向自主设置相结合的原则。

三、专业分类与职业分类相协调的原则

（一）主要国家职业分类的原则依据

比较而言，世界上不同的国家或组织中有关职业的分类具有不同的依据、原则，综合分析来说共同的特征是以工作性质和工作内容的同一性为依据，或者把职业技能及其工作的

---

① 樊平军.知识视野中的中国大学专业设置研究[M].北京：北京师范大学出版社，2011：122.
② 樊平军.知识视野中的中国大学专业设置研究[M].北京：北京师范大学出版社，2011：181.

具体要求当作分类参考的原则。例如,国际劳工组织把完成工作任务所需技能的相似性作为分类的原则;德国是以工作内容的同一性或者相关性为原则;日本除了根据工作内容的同一性外,还会同时考虑到工作中的具体因素,如工作的形式、产品类型、工作对象、工作地点等;我国主要是以工作性质的同一性为基本原则并结合政治体制因素的影响。[①] 所谓工作性质,是指不同的职业之间在根本属性上的区分,如有关职业活动的对象和从业方式等方面的不同。职业分类的目的是将社会上纷繁复杂的工作类型,划分成规范统一、类系有别的层次或类别。对工作性质的同一性还要结合具体的职业类别做出解释。[②] 职业分类体系通过职业代码、名称、职业定义以及职业所包括的主要工作内容等方面,分别描述出每一个职业类别的外延与内涵。

1958年,国际劳工组织制定了《国际标准职业分类》(ISCO),之后分别于1968年、1988年和2008年进行了三次修订,为各国编制或修订本国的职业分类工作提供了一个可供参考的样板。最新修订的《国际标准职业分类》(ISCO-08)中对职业分类的依据是工作的技能水平和技能的专业程度。[③] 1999年我国组织编制了《中华人民共和国职业分类大典》,使得我国的职业分类工作进入了一个新的历史发展时期。我国职业分类包括四个层次,其中大类是最高层次,大类的划分是根据工作性质同一性进行的,同时考虑了我国在政治制度、管理体制、产业结构、科技水平和经济发展等方面的现实需求以及未来需求等因素;第二层次是中类,是根据职业活动涉及的知识领域,使用的工具设备、方法等的同一性进行划分的;第三层次是根据从业人员的工作环境、条件和技术性质等方面的同一性划分成职业小类;第四层次是细类,即职业,是根据工作对象、工艺技术和操作方法等的同一性划分的。[④] 随着职业的变化,2015年我国又对职业分类大典进行了修订,新修订的职业分类大典遵循继承性原则,为了保证分类体系的框架稳定性和适用周期的持续性,沿用了1999年版大典所确定的职业各类别划分原则以及划分依据。

(二) 专业划分与职业分类的关系

在专业建设的一系列环节上,专业划分是专业建设工作的起点。专业类型划分问题具有十分重要的意义,专业类型划分与专业结构调整有关,而专业结构调整又与产业结构的升级、社会经济结构的调整等密切相关,还与学生的专业选择、未来就业以及对教育的社会统计等相关。从其主要功能来看,我国学科专业划分实际上所发挥的是一种管理上的规范功能,它规范着学校专门人才培养的口径和领域。[⑤] 比较来看,美国专业分类系统(Classification of Instructional Programs,CIP)是美国联邦政府确认的一种学科专业分类系统,由美国国家教育统计中心(National Center for Education Statistics,NCES)和美国教育部于1980年首次出版,是美国针对学校学科、专业分类的统计目录。CIP的主要目标在于收录了美国中学后教育机构所开设的学科专业,并进行了分类。其将学科专业分成三个级别:第一级是学科群,第二级为学科,第三级为专业。第二、三级与我国的一级学科和二

[①] 张元,张天恩.世界典型职业分类比较[J].中国职业技术教育,2011(3):59-62.
[②] 李文东,时勘.美国国家标准职业分类系统的发展概况及对我国的启示[J].中国软科学,2006(2):82-88.
[③] 张迎春.国际标准职业分类的更新及其对中国的启示[J].中国行政管理,2009(1):105-107.
[④] 张元,张天恩.世界典型职业分类比较[J].中国职业技术教育,2011(3):59-62.
[⑤] 王伟廉.高等学校学科、专业划分与授权问题探讨[J].高等教育研究,2000(3):39-43.

级学科相对应。CIP最初发表于1980年,并于1985年、1990年和2000年分别进行了修订,根据情况及时增减、删除、更新学科专业名称,其主要目的在于让人能够准确地了解美国学校教育专业的设置和变化情况。因此,从性质上说,CIP不像我国的专业目录是具有管理功能的系统,其功能更多体现在信息的收集整理和教育统计等服务工作方面。①

综合来看,专业设置的依据是多种多样的,有的专业是依据职业设置的,有的是依据技术设置的,有的是依据产品设置的,还有的是依据行业设置的。职业教育专业分类的方法应以职业分析为主,以产业职业变化为现实依据,建立符合职业教育特点的专业体系。专业体系与职业体系之间的关系表现在:一方面,职业体系的职业结构、数量、要求等影响着专业体系的设计;另一方面,专业体系中专业的结构、数量和质量会反作用于职业体系。②

(三)专业分类与职业分类的统一

综合分析,专业分类与职业分类具有不同的功能依据,专业与职业间没有直接对应的关系,难以整体上实施两者的统一协调。一方面,职业学校专业人才培养的应用性、服务性和职业工作岗位的要求需要学校专业设置服从职业分类,职业学校专业分类必须随着职业分类的变化而调整,将职业变化与专业设置协调发展;简化我国的专业建设与划分的统一性管理职能,使得专业建设突出地方性的服务和发展功能。另一方面,专业建设需要考虑教育自身的规律,专业分类需要结合教育的特点进行。

为了避免专业分类随意性和不科学的现象,应在职业分类的基础上结合产业集群的职业需求定位,运用职业分析的方法,建立具有地方特点的地方性专业集群体系。即地方性专业集群体系的建设应以满足职业变化需求为目标,分析产业集群的深入发展的职业变化特点,在此基础上运用职业分析法建立地方性的专业分类,成为某类专业(集群)设置的依据。

第四节 职业教育专业集群的职能拓展

职业教育专业集群建设是适应产业集群开展专业创新发展的要求。专业的理论变革要求专业不断适应产业发展的需要,传统的专业体系建设已难以满足新形势下产业变化的要求。为此,我国职业教育的专业建设工作在一系列政策的推动下,从专业建设定位密切结合产业发展出发,积极推动专业组织形式的变革。无论是专业群还是专业集群,专业群化发展的思想既有利于专业更稳定地发展,又在一定程度上拓宽了专业建设的范围、提高了专业服务产业的适应性,可以更加灵活地调整和满足产业变化的需求。

一、推动专业组织形式的变革

(一)专业设置存在的问题

首先,从职业院校内部专业建设角度分析,较多地存在专业设置趋同、专业结构不够合理等现象。部分职业院校将专业设置定位于开设专业成本较低的专业,或者是职业院校普遍设置的热门专业,又或者仅以促进学生升学需要、满足学生对更高学历的追求作为吸引生源的主要方式。归纳起来,主要是以下原因所致:一是为了降低办学成本。就办学成本而

---

① Classification of Instructional Programs (CIP 2000) [EB/OL]. http://nces.ed.gov/pubs2002/cip2000/.
② 谢莉花.职业教育视野下职业体系与专业体系的关联分析[J].职教论坛,2015(22):10-15.

言,职业院校某些专业的实习实训设备价格比较昂贵,由此部分学校为降低办学成本,倾向于选择开设成本相对较低的文科类专业,导致专业重复建设的可能性增加。二是专业建设被动。缺乏对专业建设发展的长期合理规划,仅从当前市场需求或学生就业等方面考虑专业设置,忽视了从专业建设本身的规律和特点出发开展专业的主动建设,从而使得专业建设陷入盲目和被动的局面,不利于专业的长期发展。三是部分院校在专业建设问题上主动性和创新性不足,仍然按照学术型发展的传统型思维,也局限了地方院校专业设置异化发展之路。

其次,从专业服务外部经济社会发展的需求层面分析,专业设置与地方产业发展没有形成很好的衔接,究其原因:第一,从院校层面来说,由于职业院校对地方市场需求变化反应滞后或前瞻性不足,一些老旧专业没有及时调整更新或淘汰,导致其现存专业与当地经济发展的实际需求相脱节。第二,由于专业管理体制的原因,专业设置一般只能在政府规定的专业目录范围内选择,院校在专业设置自主权方面存在不足,局限了地方院校专业设置异化发展之路。第三,从地方教育管理主体来分析,专业管理缺乏明确的依据,因此对专业的规划、专业布局和布点建设以及专业数量等方面难以有效地引导管理。

(二)专业组织变革的要求

目前学校教育中应用型人才的培养划分是在不同的科系之中的,这种划分标准是根据20世纪的社会及工业需求制定的。如20世纪六七十年代时增加了计算机科学系,近些年又相继建立了机电一体化和系统工程学等专业和研究所。但在学校不断专业化发展的过程中,学生难以从多学科、交叉学科或者跨学科的方式进行学习[①],即缺少一种能够理解全局、领导和负责一个复杂技术系统开发的专业教育。首先,从近年来教育领域中出现的知识范式转换来看,以技艺、技术、能力和灵活性等词汇为核心的操作主义意识形态已经出现,即专业教育和学习的功能要以满足经济社会的需求为主要目标。[②] 其次,从专业知识的学习需求和形式来看,如果不同学科专业的学生根据多个科系的课程自主编排个人学习计划,一起为一个跨学科系统的项目学习,学习一些计算机课程、企业经济学或者生产技术课程,对其学业发展是一个较好的补充,也在为适应未来工作的变革作了更加充分的准备。但这并非要求设置一个新专业的问题,而是一个现存的科系及专业间彼此渗透贯穿的问题;这不仅是对传统专业管理模式变革提出新的要求,还需要我们考虑这种新型专业体系的建设依据。

在强调职业教育社会服务功能的时代背景下,专业的发展表现出越来越依赖于产业发展的态势,专业的分化与合并、专业间的横向联系和纵向沟通也越来越服从于产业之间的整合状态。产业的发展变化是基于一定的地域状况和现实条件的,当今的产业发展日益呈现出地域化、集群化、模块化等特点,必然要求专业顺应产业发展的趋势,从而引起专业相应形式的变革。而且,专业群的建设实践已经拓展了专业建设的形式,为专业的深入变革进行了成功探索。随着现代信息技术的快速发展,产业人才需求发生了较大的变化,相应地对跨专业的复合型人才的要求增加。因此,职业院校的专业建设应以服务面向地方产业集群为目

---

① Ronald Barnett.The idea of higher education [M].Milton Keynes, UK:Open University press,1990.
② Ronald Barnett.The Limits of competence:knowledge, higher education and society [M].Milton Keynes, UK:Open University Press, 1994:46.

标,超越学科体系的界限,跨越专业类别进行构建。①

(三)集群面向的专业服务定位

职业院校的专业设置是一项系统性的工作,确立其专业服务定位及其相互关系至关重要。专业定位包括与学校办学定位的关系、与已有专业结构布局的关系、本专业设置的发展规划以及专业人才培养目标定位等方面内容②。其中与学校办学定位的关系是从学校层面的整体考虑和审视;与已有专业结构布局的关系和对专业建设的发展规划是从专业管理的角度对专业设置与发展的目标计划和结构上的调整安排;人才培养目标定位则是属于专业教学实施的内容,但也体现着对专业规划目标和学校办学思想等方面在专业设置与专业教学中的落实。专业人才培养的定位是专业建设的具体化和微观层面,影响到专业人才培养的质量和水平。

专业定位是专业建设中的基础和顶层设计,专业定位的各部分互相联系。专业定位不准确往往造成专业发展难以持久、专业人才培养难以对口就业等困境。《教育部关于深化职业教育教学改革 全面提高人才培养质量的若干意见》(教职成〔2015〕6号)要求,"各地要统筹管理本地区专业设置""围绕各类经济带、产业带和产业集群,建设适应需求、特色鲜明、效益显著的专业群""努力形成与区域产业分布形态相适应的专业布局"。职业院校专业建设的目标应该是建立系统化培养技术技能人才的体系,面向生产一线培养以技术为基础的技能型人才。然而,部分职业院校并没有将技术技能型人才的系统化培养作为学校专业建设的依据,如此,不仅不利于地区内中、高等职业教育的协调,也无益于地方经济、职业院校以及个人的长远发展。因此,应针对技术技能型人才系统化培养的要求,在专业设置方面,结合地方产业发展的特点,定位于各地区的产业集中发展需求紧密相关的专业类人才,根据集群发展对不同层次、不同专业人才的系统性要求,明确专业服务目标的指向性。

二、发挥专业集群的组织优势

(一)专业集群的竞争优势

专业的集群式发展,这既是"职业教育发展到一定阶段的必然要求,也体现了与产业集群发展同源的区域性、集聚性、创新性与竞争性等基本特征"。因此,集群的核心内容是竞争力的形成和竞争优势的发挥。

(1)组织高效,优化资源。表现在:①集群内部组织间紧密、非正式的关系在解决问题上更加高效,而正式的组织间关系往往会带来复杂的交涉以及监督上的问题。②集群的规模化发展使得内部组织沟通更方便,降低了资源无端消耗,而且单一组织内部垂直的资源整合不如借助外部的专业人员更加节省成本。③集群的效应不仅能促进群内信息、人员的流通,强化竞争意识,而且由于信息、知识的流通而很快转化为公共性知识,进而提高了人员素质;同时,集群效应的增强还能吸引外部组织进入,并提供高质量的资源信息或更加优质的服务。④集群内组织的相互依赖性和互补性特点,避免了短板效应,强化了共同作用的机制。⑤集群的地域性特征增加了集群成员地域间相互比较的意识和机会,无形中会加剧集

---

① 曾宪文,闫萌.简论高等职业院校专业群建设——基于量的分析[J].中国职业技术教育,2010(18):33-36.
② 林江湧,吴素梅,宋彩萍.专业定位与专业建设——以上海高校为例[J].高教发展与评估,2012(4):102-107.

群的竞争力。

（2）合作竞争，动态发展。在空间布局上，集群被赋予了一种新的组织形式。与分散、随机的买者和卖者之间的市场交易比较，它们之间的重复性交换有利于更好的协作和互信。而且，因为地域的接近和领导人之间的密切联系，群内的企业形成共同的正式或非正式的行为规范和惯例，彼此之间更容易建立密切的合作关系，从而减少机会主义倾向，降低合作的风险和成本。由此便形成一种既有竞争又有合作的合作型竞争组织。[①] 而且集群组织一旦形成之后，集群的发展又是一个动态的过程，一个有竞争力的组织的成长会催发相关新型业态的产生，从而形成前后向联系相互增强的系统。

（二）专业集群的组织优势

专业是一个实体性的组织，通常由三类实体组成，即由学生组成的班集体、教师组织以及与教师组织相联的各类教学设备和场所等。[②] 为此，专业组织应具有一定的稳定性，不仅体现在专业组织的存续涉及专业背后几类实体的利益，而且专业组织的稳定性也是体现专业的历史性和影响力的有力证据。从这一方面来说，专业一般不宜随意调整。另一方面来说，外部经济社会需求及用人环境的变化又对专业的人才培养不断提出新的要求，客观上要求专业设置根据产业结构的调整、就业市场的变化、技术更新等作出灵活性的调整，以保证专业人才的培养能适应社会变化的特点和需要。

相对于传统的专业设置模式，专业群作为一种新型的专业发展思路，以其共享性便于院校组织教学，大大拓展了专业的应用范围，同时也为专业集群组织的创新发展提供了新的借鉴。在产业价值链不断延伸发展和信息技术快速渗入的情况下，集群概念需要专业组织形式实现更广范围的创新，专业的建设还需要注重不同院校之间的专业联系，这也是目前我国在产业结构调整和产业升级加速的背景下，职业院校基于外部变化需求以增强自身适应性发展而采取专业创新发展的内在动因。例如，围绕产业价值链不同环节的汽车营销、汽车维修、汽车技术服务等组织建设相应地对口专业。一方面，学校专业设置根据其既有的资源优势围绕价值链环节进行，使得职业院校能够根据外部条件变化而灵活调整专业的方向和自身内部结构，而且其原有通用共享的技术平台和资源库等仍然可以得到利用，提高了专业设置的针对性、适应性和资源配置效率。另一方面，面向产业集群的专业集群建设由于地方产业集群的稳固而得以持续发展。集群式发展的专业结构和体系既具有较强的稳定性，又增加了一定程度的灵活性，符合专业建设要求稳定性与灵活性的特征。因此，推动专业建设工作的变革是当前职业院校求得生存与发展而应该采取的必然策略。

三、提高专业服务产业的能力

（一）创造区域发展的内生力

目前，我国正处于经济发展快速增长时期，地区间产业结构调整升级加速，新的经济格局正在形成，从全球范围的经济发展趋势来看，产业集群成为当前经济发展的主流。而且，地理的集中性表明产业集群与区域经济发展密切相关，并且逐渐成为地区发展的中坚，产业集群经济已成为区域经济发展和区域核心竞争力形成的重要推动力量。

---

① 陈柳钦.产业集群与产业竞争力[J].南京社会科学,2005(5): 15-23.
② 卢晓东.对高等教育教学中四个常用名词的修正[J].中国高等教育,2003(19): 31-32.

斯托普认为,工业化的地理形态是由工业发展的内部动力而产生的,产业区是工业化的空间动态,随着工业化的进程而不断发生变化。在产业集聚区内的企业都有一定的区位规格和区位能力,其中区位能力是指在给定的区位满足工厂企业发展要求的能力。企业的生产成本、劳动力供应和产品质量等都是影响区位能力的主要因素。因此,对区域劳动力供给资源的优化以及实施有针对性的技能训练等可以提高企业所在地区的区位能力,同时地区内集聚现象的形成本身也是动力的源泉。[1]

产业集群的发展、高新技术的广泛运用,对技术应用型人才产生巨大需求。产业集群是区域产业战略的新模式和新趋势,其核心资源是具有先进管理思想、创新精神和较强专业能力的专业技能型人才。职业教育需要为产业集群的发展提供重要的人才支撑与智力支持,形成区域内职业教育和产业集群相互促进、共同发展的局面。因此,在产业集群经济发展迅速的背景下,职业教育专业建设应树立服务产业集群发展的战略目标,建立基于产业集群的专业管理思维和运行模式,这既是顺应经济发展潮流的时代选择,也是突破传统专业管理困局的机制创新。

(二) 提高产业结构优化的要素使用效率

产业演进的规律表明,产业变动主要表现为产业结构纵向发展的高度化和横向演变的合理化。[2] 区域产业结构的调整,主要表现为新兴的主导产业对原有主导产业不断替代的过程,并由此引发区域产业结构的不断升级。经济学理论认为,实现生产力质的飞跃,是一项系统工程,应从教育开始,构成一个链条,即教育(人才培养)——研究开发——科技成果转化(基本建设、技术改造、技术引进、技术市场等)——企业技术进步——产业技术进步——经济增长质量提高和经济增长方式的转变。[3] 职业教育作为一种面向实践、面向生产一线,一般是为服务区域经济发展培养具有较强综合职业能力的技术技能人才教育,区域产业集群成为职业院校的主要服务对象。

劳动力的产出弹性依赖于个体的专业化水平,因此,产业集群结构的优化发展最终还是需要培养大量的专业化人力资本来提高劳动生产率。[4] 职业教育提高区域产业结构调整和促进集群升级,优化推动集群发展的生产要素的功能体现在:一是培养对口的专业技术技能型人才。按照区域产业集群发展对高素质技术技能型人才的要求,为产业集群的发展提供有力的人力支撑和充足的人力资源保障,建立稳定的技术人才供应市场,帮助地方产业集群进行技术改造,缺乏技能型等应用型人才将严重制约产业集群发展。二是密切双方的合作关系,为集群升级和技术创新提供支持和成果转化平台。产业集群的发展客观上也促使企业与教育机构之间在空间上分布更加紧密、分工协作的互补性更强,以相互促进共同发展。

(三) 提升专业集聚的空间配置效益

职业教育专业集群是适应区域经济社会产业发展变化的需求而出现的,是在对区域内职业教育资源进行优化配置和整合发展的基础上提高职业教育办学质量与效益的有效载

---

[1] 王缉慈,等.创新的空间——企业集群与区域发展[M].北京:北京大学出版社,2001:105.
[2] 苏东水.产业经济学[M].北京:高等教育出版社,2010:162.
[3] 苏东水.产业经济学[M].北京:高等教育出版社,2010:92.
[4] 欧雪银,罗能生,王良健.我国大学城向高等教育产业集群演变的机理[J].经济地理,2008(1):65-68.

体。专业集群建设应适应产业集群空间集聚、资源配置空间集中等特点,对区域内职业院校的专业设置管理、布局结构调整进行整体设计和宏观调控,在空间上贴近产业集群,产生集群效应,形成对接产业集群的专业发展环境。

首先,根据区域产业集群发展的特点和要求,建设与之相适应的专业布局结构。从宏观层面上统筹规划职业教育专业建设,围绕产业集群需求做好职业教育专业的设计、规划、管理和调整工作,是产业转型时期职业教育发展的战略选择。其次,对于职业院校来说,利用区域内专业集群发展形成的整体战略效应带动校内有关工作的建设,也有利于形成并加强院校的核心竞争力,提高院校的知名度,扩大职业院校的社会影响力。

从专业服务地区产业发展来看,专业集群发展通过优化生产要素进而提高区域内生产发展能力,通过专业集聚和整合,实现空间配置效益的最大化,形成并提升区域职业教育发展的品牌效应和影响力。

第七章

集群构建——服务产业集群的专业集群建设策略

根据"优势区位"理论,如果一个地区拥有比较发达的职业教育体系,就可以与区位的其他优势因素相配套,形成"软""硬"兼备的区位优势。① 从这个意义上来说,职业教育可以为区域经济的发展提供充分的人力资源保障,能够提高劳动生产率,为社会创造更多的物质财富,从而推动经济社会的可持续发展。为此,在产业集群发展的经济社会背景下,职业教育专业建设寻求集群式发展是专业建设理论的创新,是专业发展从独立分散的专业建设转向专业集群构建的重要阶段。专业集群的建设发展是建立在产业集群的发展需求基础上的区域专业建设目标、专业功能的全面定位,通过面向服务产业集群的专业集群发展定位与体系构建,形成适应产业分工体系和推动集群技术创新发展的区域内专业既联结发展又彼此相异的地方性专业集群建设体系。专业集群体系建设成为指导和管理职业院校专业建设的基础,教育管理部门依据专业集群体系实施专业管理和调控,各职业院校在专业集群体系之内,针对产业集群的分工特点和集群技术创新的需要设计调整专业建设方向,可以更加有效地实现专业与产业的衔接,满足产业集群不同阶段发展的人才需求和合作需要。

第一节 基于产业—职业分析的专业人才培养

从院校层面看,专业人才培养是专业集群建设的落脚点。通过运用产业—职业分析的方法,可以分析地区产业发展的职业人才缺口,成为指导职业院校专业建设的基础,同样也可以为制定有效的产业发展政策和教育培训政策提供参考。专业集群发展明确了面向产业集群需求培养人才,改变专业设置中分散、盲目或重复建设等问题,形成区域内院校间专业集聚发展的新模式。

一、传统产业分析技术的不足

在经济学研究领域,有关地区产业的分析中,许多区域分析技术如投入-产出分析,都是用来分析产业结构、产业圈、产业链以及其他相关的产业发展变量。然而,历史实践表明,基

---

① 肖化移.区域职业教育发展的理论思考[J].职教通讯,2003(9):14-16.

于产业分析的经济发展战略和在此基础上的地区产业发展政策制定并不总是成功的,即这种基于产业分析单位的局限性已逐步为相关学者所认识。① 基于人力资本理论的提出,人力资源在促进经济增长方面的重要作用已被人们所接受,相关的研究也大量开展,正是由于人力资本理论与经济发展的密切关系使得针对产业的职业分析变得愈加重要,地区经济发展成功的关键在于是否拥有合适的职业群体。因此,建立在职业结构基础上的区域劳动力资源分析对任何一个地区的经济状况分析都是至关重要的。对于产业集群的人力资源状况进行分析的较为简便方法可以用于分析现有人力资源的学历信息,例如计算拥有学士学位及其以上人员的比例。然而,仅通过赋予人才以教育属性特征只能是衡量可获得的人力储备资源,而没有告诉我们这些人才具体从事的职业和专业发展方向,通过这种统计分析方法自然无法洞悉他们在区域经济发展中实际创造的价值。即教育文凭只能反映技术人才的集散地,而没有说明人才所拥有的具体技能和技能的运用情况。教育只是代表了技术技能水平的基线,而无法探知教育中何种技能得以应用以及哪种技能对于一个地区的生产力发展比较重要。

二、产业集群与地区职业分布的关系

由于产业集群的人才集聚效应及其相互关系使得产业集群与人才需求、产业集群与地区间劳动力市场的人才结构组成等成为研究产业集群发展的重要方面。Mathur指出,由于当今经济社会的发展更大程度上依赖于人力资本投资,因此区域经济中职业方面的因素已经变得越来越重要。② 有研究者通过对地区内产业与职业结构的关系进行研究认为,拥有大量的科学家和工程师从事研发的地区和以熟练的生产工人为主要劳动力市场构成的制造业地区相比较而言,极有可能在很多不同的方面有自己的特质。正如产业结构组成能够成为某一地区经济发展的"快照"一样,通过职业分布模式分析可以洞见某地区专业化的发展情况。特别是不同的职业间由于知识和技能掌握程度上的区分,通过职业分布检视能够揭示一个地区的知识集中程度及其发展趋势。这种职业集群中的知识集中程度测算非常有意义,通过运用此指标对地区劳动力质量的判断,对于那些拥有(或没有)高度集中的知识密集型职业集群的城市地区来说,可以更好地确立和培育未来产业的发展潜力和方向。③

有关职业变化与产业发展互动关系问题的探讨,Thompson④认为对某产业领域来说,职业的研究分析最直接的运用就是看其与当地劳动力市场的匹配情况,是供大于求或者相反。除此之外,当地的职业结构不仅是决定工资收入的关键因素,而且通过它对教育水平的影响,进而影响当地发明和创新的倾向。尤其是,地区经济发展往往强调的是地方产业的调整,即生产什么(产品定位)。然而,对"夕阳职业"(如流水线操作工)的关注以及对产业与职业中相关人口统计数据的分析表明,我们应该更多地关注地方的职业结构,即能做什么(功

---

① Thompson P R, Thompson W R. From Industries to Occupations: Rethinking Local Economic Development[J]. Economic Development Commentary,1985,9(3):12-18.

② Mathur V. Human capital-based strategy for regional economic development[J]. Economic Development Quarterly,1999,13:203-216.

③ Koo J. How to Analyze the Regional Economy With Occupation Data[J]. Economic Development Quarterly,2005,19(4):356-372.

④ Thompson W R, Thompson P R. National Industries and Local Occupational Strengths: The Cross-Hairs of Targeting[J]. Urban Studies, 1987,24(6):547-560.

能定位）。Koo研究显示，某些产业在创新和生产活动方面呈现出不同的地理分布形态，例如橡胶、塑料和陶瓷制品在美国的东北部地区有着较高的创新活动聚集，但是它们的生产活动却大多集中在卡罗莱纳州。如此地理分布差异的对比显示，橡胶、塑料和陶瓷制品业在两地可能有非常不同的职业结构，这是基于工业的分析所不能达到的。因此，一个地区的经济实际上应包括两种维度，即产业和职业，而相对这种二维的地区经济模式来说，基于一种维度的思维模式（如基于产业的发展战略）很可能导致失败。[1]

后续的研究中，Barbour和Markusen[2]注意到这种职业分析中公共数据获得的局限性，而且一项重要的研究发现是：即使地区间拥有相似的产业集群组织，在这些地区的大都市区域的高科技产业中，某种职业的分布也会大不相同。因此，尽管研究者普遍意识到产业与职业研究的重要性，但在构建产业集群与职业集群的有意义的连接上困难重重。在此基础上，Christine Nolan[3]等选用了一些"中等程度"知识要求的工作群组为研究对象，为避免过分强调高科技、高技能型的职业，运用OCIC区位商测算地区产业中的职业分布情况。

三、基于产业—职业分析的区域人才状况

巴伯和马库森通过对地区的职业与产业结构进行调研发现，对某些产业而言，地方产业的职业结构与全国范围内同产业的职业结构相一致，而另外一些产业却不尽如此，反映了相同产业内部职业结构的较大差异性状况。因而提出地区产业的创新能力不能单从产业方面做出判断，因为由于产业的地区分布不同，相应的职业和技术要素在地区间的分布迥异。[4] 为充分把握一个地区的经济发展状况，如果仅依据产业结构分析或仅从职业分析的视角都难以反映地方经济发展的全貌和动态。比如同样对于汽车产业来说，不同的地区在产业内从事的工作可能完全不同，一个地区也许大量集中了研发和设计的从业人员，而另一地区却是以生产组装的流水线工人为主。而且，就生产制造业部门来说，其职业变化是流水线生产工人向高端制造业发展还是向家庭作坊式生产转变，只有通过对地区的职业结构进行分析才能发现。如果实际的生产制造活动已经转向低成本的劳动力市场，那么余下的制造业雇佣岗很可能都是高价值、高薪酬的职业，从而不太可能转移出低劳动力价值区域。因此，仅仅评估产业的从业情况而没有分析考虑地区的职业结构将不能获得有意义的分析结论，而这种差异性对于针对某一产业的发展制定相应的教育培训政策的作用是巨大的。

为此，有关职业研究的人员认为，只有从职业类型的角度才能真正确切地分析产业发展的人力资源需求。首先，职业分析的方法并不单纯地依据教育学历水平判断对经济的贡献。换句话说，职业可以包含那些没有取得更高学历学位水平却对地区的经济增长起到了实质性作用和价值的人群。其次，通过职业分析可以识别区域劳动力市场的密集程度，而这也是影响个人区位选择的一种重要因素。最后，职业分析还是一个比较和衡量某一地区所拥有

---

[1] Koo J. How to Analyze the Regional Economy With Occupation Data[J]. Economic Development Quarterly, 2005,19(4): 356-372.

[2] Barbour E, Markusen A. Regional occupational and industrial structure: Does one imply the other? [J] International regional Science Review, 2007(30): 72-90.

[3] Christine Nolan, Ed Morrison, Indraneel Kumar, Hamilton Galloway, Sam Cordes. Linking Industry and Occupation Clusters in Regional Economic Development[J]. Economic Development Quarterly, 2011,25(1): 26-35.

[4] Barbour E, Markusen A. Regional Occupational and Industrial Structure: Does One Imply the Other? [J]. International Regional Science Review, 2007,30(1): 72-90.

的技术优势的较好方法,从而成为产业寻求技术技能人才的地区标识。因此,产业的职业结构分析揭示了地区内产业工作的职业类型及其相互关系,有助于探明人力资本和技术对于地区生产力发展的重要性程度。

对区域内某些重要的职业或职业群展开分析,可以为区域经济发展的潜力和前景提供有益的信息,尤其是能揭示一个地区面临的职业人员空缺或发展机遇。[①] 同样,也可以用区位商来计算地区各类职业人员集聚程度的相对规模。从与制造业对应的生产制造及有关人员的职业分布进行分析(见表7-1)。结果显示,首先,就京津冀地区来看,随着京津冀一体化的发展和产业的转移,北京的制造业从业人员相对较少,天津服装服饰方面的职业人员较少,主要集中于汽车制造业,河北在电子通信设备方面的职业人员相对较少,其他则相对均衡,但可能对于支撑未来地区发展尚不足够。其次,从产业技术升级角度考虑,对具备高技术人才的需求量必然较大,显然我国大部分地区的工程技术人员比例还远远不足,在技术辅助服务人员方面同样如此。最后,从与生产制造密切相关的生产服务人员方面来分析,其中,有关修理及制作服务人员方面,设备修理的整体集聚度不高,地区差异性不是十分明显,实质上反映了全国从事该职业的人员占比较少,部分地区与行业的发展匹配不足。如山西、内蒙古、宁夏地区机械加工从业人员相对较少,而设备修理职业人员却相对集中;但在制造业发达的优势地区,尤其是广东、山东、江浙、福建等地,设备修理人员则相对不足。

表7-1 我国部分职业类型人员分地区分布区位商

地区	专业技术人员	社会生产服务和生活服务人员		生产制造及有关人员				
	工程技术人员	技术辅助服务人员	修理及制作服务人员	纺织品、服装和皮革、毛皮制品加工制作人员	橡胶和塑料制品制造人员	机械制造基础加工人员	汽车制造人员	计算机、通信和其他电子设备制造人员
北京	3.11	2.20	0.87	0.07	0.09	0.28	1.05	0.32
天津	1.97	1.11	0.88	0.49	1.17	0.96	3.39	1.21
河北	0.81	0.76	1.15	1.08	1.42	1.43	1.12	0.37
山西	1.00	0.86	1.16	0.08	0.21	0.93	0.24	0.63
内蒙古	1.03	0.78	1.19	0.09	0.15	0.50	0.12	0.11
辽宁	1.10	0.88	1.07	0.60	0.59	1.10	1.05	0.43
吉林	0.79	0.81	1.00	0.08	0.17	0.51	2.76	0.18
黑龙江	0.68	0.65	1.07	0.11	0.22	0.48	0.19	0.16
上海	2.77	2.52	0.83	0.28	0.91	1.15	2.75	1.08
江苏	1.42	1.23	0.91	1.40	1.77	2.13	1.96	1.90
浙江	1.05	1.30	0.79	2.76	3.14	2.81	2.08	1.05

① Jun Koo. How to analyze the regional economy with occupational data[J]. Economic Development Quarterly, 2005,19(4):356-372.

续表

地区	专业技术人员	社会生产服务和生活服务人员		生产制造及有关人员				
	工程技术人员	技术辅助服务人员	修理及制作服务人员	纺织品、服装和皮革、毛皮制品加工制作人员	橡胶和塑料制品制造人员	机械制造基础加工人员	汽车制造人员	计算机、通信和其他电子设备制造人员
安徽	0.82	0.95	1.02	1.37	1.04	0.89	1.14	0.81
福建	0.90	1.17	0.92	1.88	1.30	0.86	0.53	0.70
江西	0.68	0.90	1.01	2.38	0.57	0.59	0.43	1.67
山东	0.86	0.79	1.00	0.70	1.14	1.30	1.07	0.55
河南	0.65	0.73	1.11	0.80	0.42	0.83	0.44	1.12
湖北	1.00	1.00	1.00	1.47	0.46	0.73	1.57	0.91
湖南	0.74	0.83	0.97	0.79	0.44	0.61	0.49	1.37
广东	1.38	1.52	1.00	1.79	2.37	1.16	1.00	2.65
广西	0.58	0.63	1.04	0.55	0.39	0.39	0.58	0.78
海南	0.60	0.71	1.00	0.08	0.28	0.17	0.06	0.09
重庆	0.98	1.15	1.08	0.49	0.55	0.87	2.61	1.08
四川	0.76	0.92	1.00	0.57	0.45	0.56	0.57	0.69
贵州	0.61	0.62	0.99	0.36	0.49	0.32	0.25	0.50
云南	0.55	0.54	0.90	0.26	0.55	0.31	0.27	0.53
西藏	0.61	0.43	0.69	0.20	0.01	0.23	0.04	0.04
陕西	1.19	0.96	1.00	0.15	0.21	0.73	0.60	0.62
甘肃	0.95	0.66	0.93	0.11	0.20	0.44	0.13	0.41
青海	1.14	0.76	1.07	0.08	0.19	0.43	0.11	0.22
宁夏	1.08	0.89	1.20	0.11	0.38	0.73	0.09	0.25
新疆	0.89	0.62	1.18	0.34	0.37	0.31	0.07	0.12

数据来源：根据2020年第七次全国人口普查数据整理计算。

四、面向产业集聚地区主要需求职业的人才培养

依据前文有关主要职业人才需求分析的结果，制造业主要需求的职业人员为生产制造人员。而且，制造业的区域集聚与相应职业人才的集聚也具有变化的一致性。可以认为，某地制造业的集聚必然引起制造业从业人员的集聚，即制造业集聚与相应的职业从业人员的集聚具有相关性，但具体对应于何种职业人员并不明确。通过制造业与生产操作职业人员集聚程度的相关分析，如果制造业与某种职业人员的相关性较高，即两者间存在共变关系，那么可以将此种职业作为制造业的主要需求职业，依据相关系数由高到低可以作为制造业

职业需求的排序。由于 2020 年第七次全国人口普查数据中不再分列职业小类人员数据,这里仅以 2010 年第六次全国人口普查数据为依据作例,运用皮尔逊相关分析法对全国 31 个省市地区的集聚数据进行分析(见表 7-2),可以看出在一定时期内制造业集聚地区需求较高的职业有机电产品装配,文化教育、体育用品制作,橡胶和塑料制品生产等。

表 7-2 制造业与生产操作职业人员集聚程度的相关性分析

生产、运输设备操作人员及有关人员	相关系数
机电产品装配人员	0.963**
文化教育、体育用品制作人员	0.944**
橡胶和塑料制品生产人员	0.942**
检验、计量人员	0.895**
印刷人员	0.878**
机械制造加工人员	0.859**
裁剪、缝纫和皮革制品加工制作人员	0.858**
电子元器件与设备制造、装配、调试及维修人员	0.838**
木材加工、人造板生产、木制品制作及制浆、造纸和纸制品生产加工人员	0.837**
纺织、针织、印染人员	0.824**
其他生产、运输设备操作人员及有关人员	0.814**
工艺、美术品制作人员	0.788**
玻璃、陶瓷、搪瓷及其制品生产加工人员	0.734**
机械设备修理人员	0.658**
环境监测与废物处理人员	0.587**
化工产品生产人员	0.545**
工程施工人员	0.445*
粮油、食品、饮料生产加工及饲料生产加工人员	0.436*
药品生产人员	0.419*
建筑材料生产加工人员	0.383*
金属冶炼、轧制人员	0.354
电力设备安装、运行、检修及供电人员	0.341
运输设备操作人员及有关人员	0.247
广播影视制品制作、播放及文物保护作业人员	0.122
烟草及其制品加工人员	−0.203
勘测及矿物开采人员	−0.414*

资料来源:根据 2010 年全国第六次人口普查数据计算。

注:** 代表 $P<0.01$,* 代表 $P<0.05$。

由于制造业包含行业众多,而且地区间发展不平衡,针对具体的地区应按具体行业进行分析。以交通运输设备制造业为例进行具体分析(见表 7-3)。数据分析表明,交通运输设备制造业集聚地区需求较高的职业人员前五位依次是机械制造加工人员,机电产品装配人员,机械设备修理人员,橡胶和塑料制品生产人员和电子元器件与设备制造、装配、调试及维修人员。再结合交通运输设备制造业的地区集聚情况分析,如区位商较高的 A、B、C 地区。相比之下,除了各地区整体性的机械设备修理人员的集聚规模不高外,B 地区的机械制造加工人员相对集聚程度比较低,C 地区只有机械制造加工人员稍高,其余还不到全国的平均水平,如果从支持发展交通运输设备制造业来看,说明相关的职业人才出现较大的空缺,成为职业院校相关专业建设与人才培养的依据。类似地,针对某地区相关行业的其他分析也可能发现另外一些有价值的结果。

表 7-3　交通运输设备制造业与相应职业从业人员集聚程度的相关性分析

职 业 类 别	LQ(A)	LQ(B)	LQ(C)	相关系数
机械制造加工人员	2.58	1.52	1.32	0.764**
机电产品装配人员	2.75	2.30	0.74	0.679**
机械设备修理人员	1.78	1.50	0.83	0.587**
橡胶和塑料制品生产人员	2.15	1.83	0.38	0.537**
电子元器件与设备制造、装配、调试及维修人员	2.53	2.23	0.28	0.471**

资料来源:根据 2010 年全国第六次人口普查数据计算。

注:**代表 $P<0.01$,*代表 $P<0.05$。

第二节　基于集群思想的专业结构优化

从区域层面来看,专业集群发展是集群化的思想在专业建设中的应用,是建基于集群管理思维之上以实现区域内专业集约发展、结构优化和方向明确的专业建设机制。群化发展在于集聚共享资源,形成发展的合力,而且通过集约式的经营管理,拓展职业教育的服务职能,进而发挥职业教育的协同效应。集群思想优化发展的专业结构体现在根据产业集群在区域、行业和专业等方面的人才需求,形成在地域、层次、类型等不同层面上相应的人才培养特色和专业比例安排。专业集群发展最终不仅实现专业体系的衔接、功能的综合,还在于实现集聚地区专业的有序和差异化发展,形成具体化的专业设置方向。

一、集群思想的核心特征

(一)共享性

无论是专业群还是专业集群,所体现的都是一种群化的发展模式。群化发展的目的就是寻求规模化的发展、积聚力量,在资源上可以共同分享利用,互相取长补短,形成集聚的效应。

资源共享性体现了群化过程的本质和核心思想,在资源基础理论(RBT)的发展过程中,资源基础观念(RBV)分析认为,从形态上来说,资源包括有形资源和无形资源两种。[①]教学设备、实验实训基地等实物形态的资源属于有形资源,这类资源往往比较容易通过市场交易获取,难以成为具有竞争优势的原动力。无形资源不具有实物形态,不以实物转移和消耗为交换手段,并能在一定的时期内为其所有权者获取特定的资源。集群组织通过长期的交往,彼此间产生信任,形成默认的惯例、规则,长期合作形成的声誉等都属于无形资源。无形资源具有根植性的特点,是经过长期的交往积累起来的,相较于有形资源往往更是推动集群发展的重要力量。其实,这种资源由于是在集群组织中产生的,正是构成了集群的共享性资源。

从资源共享性到共享性资源的建设体现了集群思想的深入发展,不再简单停留在共享共用资源设备基础之上的专业群的建设观,更加有利于指导专业集群的建设,打破专业建设分散独立和各自为政的现状,形成更加密切合作和组织高效的区域专业集群式发展机制。

(二) 集约性

"集约"是经济领域中的术语,最早见于农业经济学中,"耕作集约化,无非是指资本集中在同一土地上"[②]。《辞海》对其的解释是在农业上通过提高单位面积产量的方法来增加产品总量的经营方式。现代意义上的集约更多地体现了经营管理的思想,通过合理地运用现代管理与技术,在最充分利用一切资源的基础上,更集中充分发挥资源的积极效应,以提高工作效益和效率。从这个意义上说,集约性反映了集群思想的本质,基于产业集群的职业教育专业集群发展就在于通过对地区内专业集约化的经营管理,不仅实现院校专业的优化组合,而且表现为专业内部资源的合理分配以及专业与外部生源、就业市场的协调方面。

专业集约化管理是以形成专业集群的适度规模为目标,以降低专业建设成本,提高师资、设备、设施的利用率,实现专业的发展与产业集群的同步协调,专业的招生和人才培养规模与产业集群的需求变化灵活调整,既要求形成区域内专业规模的适度稳定,又需要在此基础上保持一定的弹性;既保证产业集群发展对基础性人才的需求,又适度兼顾管理型和创新型人才的需要。集约化思想下的区域职业教育专业建设发展,主要表现在以下几个方面:一是质量的逐步提升;二是服务范围扩大;三是服务功能增强;四是规模稳定发展。

(三) 协同性

早在19世纪末,有关集群理论的研究便受到研究者的关注。产业集群的理论研究表明,在产业集群组织的形成和发展过程中应主要考虑并注重加强其在以下两方面的效应:一是资源整合的协同共生效应。集群的真正本质不是集聚,而是通过集聚形成特殊性协调性组织,集群的功能在于协调。因此,集群理论的核心思想之一便体现为要素组合及其协同共生的关系,而且产业集群的协同要素不仅包括传统意义上的直接生产要素,还包括支撑集群发展的众多公共部门,产业集群理论强调集群组织是由一些彼此关联并互为依存的经济组织和公共机构形成在一定空间范围的聚合,相互间建立起竞争又合作的关系,以此推动整个集群组织的共生发展和协同衍生。二是集群发展的动态调整特征。产业集群组织除了强调组织要素间的协同共生,还认为集群的发展必须要结合地区发展的实际特点,基于地方产业

---

① 黄旭,程林林.西方资源基础理论评析[J].财经科学,2005(3):94-99.
② 马克思.资本论(第三卷)[M].北京:人民出版社,1975:760.

的创新需求、文化基础等培育地方性集群。同时,在此过程中,通过不断地与外部组织的联系沟通,形成集群发展的良好外部环境和持续发展的区域核心竞争力。①

为此,基于协同思想的专业集群组织建设及其优化就是要通过专业间的联系,增强专业协同发展,而且专业的设置、调整都是在地方经济发展和产业需求的基础上建立的,以保持彼此间的密切联系。体现为职业技术教育内部不同专业建设主体间多种要素之间的协调以及专业集群发展与外部市场的适应。专业集群组织的跨部门、跨院校、跨学科以及多层次等特征,要求专业建设建立全新的组织体系和管理机构,以实现对相关要素的有效协同。

二、合理的专业结构框架

(一) 相互衔接和协调的专业层次结构

职业教育的专业层次结构就是指人才培养的纵向层次体系,体现在教育层次和人才类型层次两个方面。教育层次结构一般会受到国家政治体制、文化特征以及地区经济水平等多种因素的影响和制约。为此,应该按照地区发展对不同层次人才需求的比例来培养相应层次的应用人才。② 职业教育的层次结构是指各层次职业教育间的关系及其互动方式。西方国家的职业教育及其人才培养分为三种类型——职业教育(vocational education)、技术教育(technical education)和专业教育(professional education)③,在我国相应地表现为中职教育、高职教育、技术本科和专业学位研究生教育几个层次。我国的职业教育层次结构存在结构不完整、定位不准确、比例不协调、衔接性不足等问题。④ 专业集群的专业层次结构体现为各级教育内相关专业形成的层级关系,根据不同地区产业集群对不同层次的人才需求形成区域内专业集群的层次结构,以科学的集群思想和协调的专业层级逻辑来管理和优化地区内的专业结构。

首先,总体上而言,针对我国产业集群所在行业及其价值链所处地位来看,目前应以培养一线技术技能人才为基本定位。其次,由于我国经济发展不平衡和产业集聚类型的不同分布等特点,需要结合地区特点进行多层次的定位。例如,在制造业发达地区,为满足我国发展智能制造和先进制造业,推动制造业升级和集群创新发展的要求,应以高职层次的专业设置培养实用型人才为主;而在地方传统行业集聚地区,以中职层次培养初等职业技术人才为主。最后,随着技术向综合化复杂化发展,技术岗位内涵不断丰富,相应的技术性人才的层次也要上移。侧重以某种层次的专业为主,多种层次并存,而且各层次专业间彼此衔接和协调发展的专业集群结构。

(二) 比例合理的专业类型结构

专业的类型结构是专业设置门类之间的比例关系以及这种比例关系与经济结构、产业结构以及就业结构等之间的相互关系。专业类型结构是专业设置的类型及其学科属性,具体而言,专业类型结构就是由专业目录中各专业类别下的专业数量形成的比例关系。⑤ 专

---

① 魏守华,王缉慈,赵雅沁.产业集群:新型区域经济发展理论[J].经济经纬,2002(2):18-21.
② 王明伦.高等职业教育结构及其优化[J].职业技术教育,2001(34):17-19.
③ Marvin W Peterson.The Role of Institutional Research:From Improvement to Redesign[J]. New Directions for Institutional Research,1999,1999(104):83-103.
④ 肖凤翔,董显辉.系统论视域下我国职业教育层次结构优化[J].职业技术教育,2012(13):10-15.
⑤ 彭世华.试论高职高专院校的专业结构优化[J].中国职业技术教育,2010(21):43-46.

业结构的优化不仅是专业的数量和空间位置结构的合理布局,在专业数量、专业布点的空间位置及时序上的合理安排和科学布局,与产业集聚区内产业分工的各环节相匹配,同时还要求相应的专业师资队伍和资源配置上也要进行合理的筹划安排。

首先,在优化的指导方向上,应以满足我国产业集群升级所需要的专业人才类型需求,形成专业建设工作的指导思想和重点发展思路。其次,专业优化要考虑地方产业集群发展主要需求的专业人才类型,以确立专业建设的核心,培育专业特色。地区内形成合理的专业类型结构的目标就是实现在一定数量的专业间,在不同专业类型及其资源安排上形成优势互补和互相促进的专业建设局面。

(三)符合地区产业分工特点的地域结构

地域性是集群经济的显著特点,专业集群的地域结构其实是关于专业的地区分布问题,即专业的布局和规划符合产业集群的地域分工特点。职业教育专业布局结构的优化应充分考虑到不同地域人才需求的特征,当前我国专业布局与区域产业集群结构特征存在相脱节的问题,不仅造成教育资源浪费,也影响人才培养质量,成为抑制区域经济发展潜能的根源。[①] 为此,专业集群的地域结构就是在更大范围内实现对专业结构的整体配置和优化,在此基础上才是区域内的专业层次、规模、类型结构的调整。既指对一个区域内不同院校的专业结构整体进行考虑安排,也可以单指某个学校内部的专业设置,包括专业布点、专业人才培养规模、专业资源配置等方面的内容。[②]

一是基于区域创新的集群系统建设。区域创新体系中,地区产业结构是地方经济发展的主体框架。在服务区域经济发展中,职业教育具有传递知识技能、开拓区域学习和教育的路径、增值区域产业供应链、运用技术与方法的改革促进区域创新发展等功能。[③] 在区域创新发展的过程中,针对地区产业园区的建设,考虑到技能型人才的供应、科研合作等教育机构的合作支撑,从设立职业院校到院校内部的专业建设统筹考虑,将职业教育发展纳入地方规划的战略目标设计之中。二是基于集群现实的专业特色规划。不同地区由于产业发展的不同,而且由于产业集群的地方根植性特征,集群的人员需求会相应有所不同。规划的目的是实现区域内专业发展与产业集群需求相一致,根据产业集群所处的行业、发展阶段确定专业建设的方向和需求,以形成区域内专业技术人才培养的特色。同时,集群区域内的职业技术教育机构可以整体规划,在规划职业技术教育区域结构时,应考虑地区内院校专业资源的占有情况,进行科学分工,实现资源共享,以避免教育资源的浪费。

三、专业集群发展的方向

(一)实现差异化的专业发展目标

区域内职业院校实现同类专业的差异化设置的发展模式是为了有效应对当前专业设置中同质化明显的现象。目前,我国职业院校专业设置中普遍存在的问题是专业设置小而全或大而全,由此造成地区内不同院校间专业建设重复率高,专业趋同化发展现象明显。一是

---

① 高小泉.基于产业集群的高职院校专业布局规划[J].教育与职业,2014(32):15-17.
② 杨振军.关于优化高等职业教育专业布局的理性思考[J].江苏高教,2015(2):143-146.
③ Allison,Gorringe,Lacey. Building learning communines : Partnerships , social capital and VET performance [EB/OL].http://www.ncver.edu.au.

同类院校的同类专业名称趋同;二是不同层次的院校,即高职专业设置与本科院校专业也趋于相同。例如据有关报道,重庆市29所高职院校2015年新增建筑类专业10个,全年新增专业77个,专业趋同明显。广东也是如此,该省布点在20个以上的专业共有18个,占专业总数的27.7%;布点在40个以上的专业9个,占专业总数的13.9%。重复率较高的专业有会计学、商务英语、计算机科学与技术、物流管理以及电子商务等。[①]

为此,专业集群建设应根据区域主导产业、新兴产业情况,整合同类院校的相近专业乃至学院,在某一个专业方向上做大做强,实现专业的差异化发展目标。专业集群的规模化建设扩大了彼此间交流的平台与渠道,与市场、产业的连接有利于及时掌握变化的动态信息,从而及时调整人才培养的方向,提高人才培养的针对性。[②]

(二) 设置具体化的专业方向

专业设置方向是指在专业口径之内是否分化专攻方向以及分化多少,以刚化或活化专业。[③] 通过调整专业方向,目的在于即使在同一个专业名称下的专业,由于专业方向的不同从而体现专业培养的侧重有所不同,提高专业设置的适应性。因为同一产业集群在不同的区域经济中表现出不同的特色,譬如,沿海和内地的物流产业可能表现出不一样的特点,沿海地区可能港航物流比较发达,而内地城市则更多可能在于发展工业生产物流等。[④]

因此,职业院校的专业建设应更多地体现出地方产业发展的特点。由于技术变化导致的产业集群升级,专业调整也应该随之逐步深入,专业分工愈加细化,专业方向更加具体,人才培养针对性更强。为此,同样的专业名称可以有不同的专业培养方向。明确专业的内涵,确定专业的培养目标及规格,一方面区别于同类专业,避免专业重复建设;另一方面也形成专业自身独有的特质和建设标准,而且也利于专业凝练方向形成专业培养特色,建构地区内专业发展的异质化结构。

第三节 服务产业集群的专业集群体系构建

专业集群建设是以专业为核心的资源整合,即通过围绕地区产业集群的发展实现专业布局、结构、数量等方面的优化配置。从专业建设自身的角度分析,专业集群发展既体现了专业基于产业链分工的横向联系,又体现了区域内职业院校间的纵向联系与衔接,能够推动区域内职业教育专业建设与产业集群发展更有效地对接。[⑤]

一、契合产业分工与合作的横向需求

(一) 加强教育部门与产业的合作

在产业集聚地区,教育机构之间的合作是支撑产业发展的重要方面,这种合作包括同许多教育机构的多层次的协作(非正式,但是地区互补的),建立起全面的、纵向一体化的教育

---

① 部分高职院校专业设置布局并不乐观[N],南方日报,2014-11-04;高职专业设置"千校一面"[N].济南时报,2013-11-05.
② 魏明.集群思想下区域职业教育专业建设逻辑[J].教育与职业,2014(18):11-13.
③ 龚怡祖.大学专业设置模式探析[J].教育发展研究,2001(11):72-73.
④ 孙峰.专业群与产业集群协同视角下的高职院校专业群设置研究[J].高等教育研究,2014(7):46-50.
⑤ 赵昕,张峰.基于产业集群的职业教育专业集群基本内涵与特征[J].职业技术教育,2013(4):36-40.

体系,为地区保持优势发展提供具有各种才能的知识工人。① 例如,一个多媒体中心要想获得发展,需要艺术、社会科学和自然科学的共同支持;再比如,工程或技术专业的学生既不了解他们的潜在客户,也不知道他们的产品和创意是否有市场销路,而创造力是在企业、自然科学、哲学和艺术等不同文化的交流中形成的,为了不断地激发创造力,应该将艺术和科学等多个领域的知识进行整合。但现实中往往是企业、学校和研究中心分散在各个地方,毫无规则可言。② 为此,应该在各个专业化产业区根据职业特点举办培训和教育,此外还要加强与学校教育机构、科研院所相关专业的联系。如在传统的以理工类课程为主的课程表中增加商业、市场营销和管理技术等课程,通过各种不同的研究机构、教育机构和企业之间的合作对当地的科学技术加以应用。

从服务建设与产业集聚区内企业集群类型相应的专业要求来说,我国产业集群以中小企业集聚为主,技术水平不高。就全球范围内技术型企业发展特点分析,一般都具有非常明显的等级体系,中小型技术公司一般处于底层。在这种等级体系中,中小企业能否取得话语权,取决于其内生的技术能力、创新能力以及不断成长和升级的能力,建立技术学习、技术掌控和技术创新机制是促进中小企业成长的关键。

比较来看,德国高等专业技术学院在服务经济社会方面的重要体现即是注重与中小企业的合作。由于中小企业的规模和人员有限,自身的科研能力较弱,很难提供和大型科研机构合作所需要的高额经费。而高等专业技术学院注重实践性的特征,导致其在基础研究领域处于薄弱的地位,很难与高端的学术型大学竞争。基于此,中小企业和高等专业技术学院结合形成了互相依存、共同繁荣的战略合作关系。实践证明,两者由于地位对等,其合作是优质高效的,成为德国知识和技术转让方面的成功典范。相对于院校人才培养的滞后性,企业的最新发展往往对院校的人才培养目标和教学、科研改革等提出了新的要求,促使学校不断地进行改革,主要表现在努力拓宽专业方向和优化专业分布,发展交叉学科和边缘性学科,给予学生更多的选择。

(二)建立依据产业链分工的联系

从教育领域来看,学校里的学科、专业本身之间并不存在链状关系。产业链是经济学的概念,早期的产业链仅指制造业内部企业间在原材料或零部件的采购,以及产品生产和销售中彼此形成的关系。我国有关产业链的研究较早出现在农业领域,后来逐步扩展到能源、通信和文化等产业。③ 从产业链到价值链理论的提出,拓宽了产品生产企业间联系的形式和环节。而且,随着现代信息技术的发展,分工愈加深入,产品价值链向更多形式发展,形成有众多生产要素和多条生产、服务环节的网络化结构体系。④

在传统教育体系中,学科与学科、专业与专业之间,更多的是相互独立甚至是"封闭"的,即使存在一些彼此相关的学科或专业,也不能说学科专业之间存在所谓的上、下游关系。⑤

---

① Jeff Saperstein, Dr.Daniel Rouach.区域财富——世界九大高科技园区的经验[M].金马工作室,译.北京:清华大学出版社,2003:18.
② Jeff Saperstein, Dr.Daniel Rouach.区域财富——世界九大高科技园区的经验[M].金马工作室,译.北京:清华大学出版社,2003:270.
③ 魏然.产业链的理论渊源与研究现状综述[J].技术经济与管理研究,2010(6):140-143.
④ 迈克尔·波特.竞争优势[M].北京:华夏出版社,1997:39-43.
⑤ 胡赤弟.论区域高等教育中学科—专业—产业链的构建[J].教育研究,2009(6):83-88.

因此，专业集群间的专业联系应是在服务于产业集群的产业链过程中形成的，由此专业集群是以服务特定的产业集群而存在，根据集群企业所在价值链环节或集群创新升级所需要的方向设置专业，专业集群的专业联系是以产业价值链的横向环节为依据，从而形成地区内跨院校的一系列相关学科专业间的相互作用和相互联系的一种专业综合体。

二、建立不同要素衔接的专业纵向联系

（一）基于人才类型的专业层次衔接

不同地区、行业的产业集群发展会形成不同的人才需求，从而形成相异的产业集群人才结构，而且随着产业分工的深入，产业集群内部也会形成对不同专业类型、技术层次人才需要的划分。随着技术的发展和新技术的普遍应用，分工更加细化，劳动生产过程不同环节的专业化程度提高，相应地表现出一定的层次性，为此，就会需要不同能力层次的从业人员，产生了一系列有层级的技术性职业。国际上较为公认的职业带理论，是职业教育可以借鉴的人才分类理论。在技术应用较少的生产时期，人才类型比较简单，企业生产技术人员相应地可以分为从事工程或产品开发设计的科学家和从事生产制作的技术工人。随着技术应用转化为生产过程环节的增多，人才类型也随之更加细化。从生产或工作活动过程和目标的角度来分，人才大致可以划分为两大类：一类是发现和研究客观规律的人才；另一类是通过运用客观规律创造或转化为利益的人才。前者属于学术型（科学型、理论型）人才，后者一般称为应用型人才，其中，应用型人才又可以分为工程型（包括设计型、规划型、决策型）、技术型（包括工艺型、执行型、中间型）和技能型（包括技艺型、操作型）人才。[①]

从人才类型及其相对应的教育层级来说，由于职业教育的职业性和技术性特质，职业教育培养的主要是技术应用型和操作技能型人才[②]，而学术及工程型人才则由高等教育来培养。这一系列现象投射到教育中不仅表现为不同的教育层次水平，而且处于同一类型的专业技术工作岗位体现为专业设计上不同的层级联系。对此也已有相关研究论述，高等职业教育主要指高等技术教育，这是由人才的结构类型决定的。[③] 从发达国家现代职业技术教育发展趋势来看，技术型人才培养有专科和本科两个层次，以专科层次为主。[④]

现实来看，我国在职业教育人才培养的技术技能型人才的层次定位上还不是十分准确，《教育部关于全面提高高等职业教育教学质量的若干意见》（教高〔2006〕16号）指出高等职业教育培养的是"一线需要的高技能人才"，同时在专业建设改革上，也提出优先支持"培养高技能紧缺人才的专业点"。2012年，《国家教育事业发展第十二个五年规划》中提出高等职业教育应重点培养产业升级和企业技术创新需要的各种技术技能人才，而且要求"完善高等职业教育层次，建立高级技术技能人才和专家级技术技能人才培养制度"。在有关中职教育人才培养的阐述中，如《教育部关于制定中等职业学校教学计划的原则意见》（教职成〔2009〕2号）提出中职教育的培养目标是"在生产、服务一线工作的高素质劳动者和技能型人才"。

---

① 对发展高等职业教育几个重要问题的基本认识[J].教育研究,1995(6):7-15.
② 和震.论现代职业教育的内涵与特征[J].中国高教研究,2008(10):65-67.
③ 杨金土,孟广平,严雪怡,等.对技术、技术型人才和技术教育的再认识[J].职业技术教育,2002(22):5-10.
④ 丁金昌.高职教育技术型人才培养问题和路径选择[J].中国高教研究,2014(7):92-95.

可见,我国对中高职院校的人才培养层次,在表述上的核心词语主要有"高技能型""技术技能型"和"高素质""技能型",一方面反映了中高职院校人才培养目标的定位尚不够清晰,而且由于对这些定位指称缺少具体的解释,不利于与人才类型的明确对应,难以实现人才培养目标定位和层次的衔接;另一方面表明了建立专业人才培养与人才层次类型衔接的必要性和重要意义。随着职业分类的深入,对人才的层次类型划分也将会愈加细致具体,相应地便要求在同一种类型的技术人才培养上建立起不同层次又相互联系的专业结构体系。

(二)基于技术层级的专业链式发展

基于技术对于产业发展的推动以及技术创新在促进集群升级中的重要作用,作为培养技术人才的专业建设应按照对技术的认知和技术系统的规律进行设计,以区分不同专业之间体现出基于技术认知和发展水平的联系。技术是一个复杂的系统,从技术认识论的角度来说,技术体现为技术主体、技术客体及其互动关系,其中每一个技术要素其实都包含着许多的技术层级。技术主体可以是技术实施的个体、团队、机构乃至政府和国家;技术客体体现为技术的实体层面,是与技术主体相对应的,包括材料、能源和产品等;技术过程或技术中介是技术主体与客体之间的实践纽带,表现为技术方法、技术工具等中间媒介的形式。[①]

就技术本体而言,技术的形成与实施过程中也具有层级性的特点。首先,技术层级具有开放性的特征,体现为各个层级之间的相互支撑和转换。其次,技术层级的过程性表现为技术在自身演化发展的过程中的制约、进化和传承机制。具体解释为:一是技术本身可能就存在某种承接关系,意味着某种技术的学习运用是建立在掌握另一种技术的基础之上,这两种技术之间彼此形成了一种过程的关系;二是作用于技术客体的技术过程中的每个环节,甚至每个环节的各个节点都要运用不同的技术,技术的过程变成多种技术组合的结果,由于技术客体本身存在上下游的过程链接关系,因此,物化于客体上下游过程中的技术也形成了一种技术链式的关系。[②] 最后,研究发现,如果深入技术的内部来看,技术都有其自身的组合结构,呈现递归性的特点,所有的技术都是某种组合,每个组件自身也是缩微的技术,所有的技术都会利用或开发某种效应(effect)或现象(phenomenon)。无论简单或是复杂的技术,都是从已有技术中产生的,是对原有技术的组合和自然现象的应用。因此,技术的进步和创新一定是遵循着某种规律,存在着类似于生物体进化的特点。[③]

技术层级结构体现了一个由低到高、由简单到复杂的体系,不同的层级对应于专业方向和学习内容的不同安排衔接。由于技术主体的多元性,在现代日益庞大复杂的技术系统中,不同的技术认识主体需要的知识与能力也完全不同。与现代工程活动三个基本方向相对应的三类人才包括:第一类是操作员,第二类是研究设计人员,第三类是系统工程学家。[④] 技术可分为操作型、综合型和工程型技术,相应的教育层次应为中等、高等职业教育和技术本科教育,其专业设置应该遵循技术的层级顺序和人才类型,形成不同的专业培养目标和专业的纵向联系。

---

① 李永红.技术认识论探究[D].上海:复旦大学,2007:180.
② 黄锰,张伶伶,郑迪.技术层级观念与建筑创作[J].城市建筑,2008(9):90-92.
③ 布莱恩·阿瑟.技术的本质[M].曹东溟,王健,译.杭州:浙江人民出版社,2014:8.
④ 李永红.技术认识论探究[D].上海:复旦大学,2007:180.

（三）基于学习层次的专业进阶安排

集群发展的专业联系还体现在专业的学习应是一个逐步深入的过程，以使不同层次和阶段的专业学习能够实现衔接，而且既符合职业性专业人才的成长规律，也有利于对专业课程内容的安排。在西方国家建构主义思潮的演变发展中，美国学者斯皮罗（R. J. Spiro）等人提出认知灵活性理论（Cognitive Flexible Theory）[①]。该理论分析了复杂性知识的学习问题，认为知识的复杂性是由于存在两种类型的知识，即良构和非良构领域知识，认知灵活性理论主要关注的是复杂性知识的获取和迁移问题。斯皮罗等将学生的学习过程分成三个阶段，首先是掌握入门性知识，其次是掌握高级知识，最后是获得专家型知识。相应地，入门性知识主要对应为良构知识，非良构知识存在于高级知识和专家型知识的获取过程中，非良构知识需要以良构知识作为基础，但其在教学和学习的方法上又有所不同。[②]

在以能力导向的职业教育教学培养中，职业能力的发展遵循从初学者到专家的规律，其在知识的学习方面也是从最初的定向和概括性知识而逐步深入的过程，其学习的特点体现出学习的阶段性和层次性等特征，使得以掌握知识为目的的专业学习和教学安排也可以根据这种特点注重专业间的衔接，形成不同层次的教育在专业设置与专业学习方面的连续性，使得学生在技术的学习中逐步采取由低级到高级、由简单到复杂的方式。

三、实现专业的综合高效发展

（一）降低专业建设成本

一方面，职业教育与普通教育的区别在于其更注重培养学生的实践能力和应用能力，这就决定了其专业教学的建设成本需要较高的投入，如购买实习实训设备、建设教学实训场所，而且需要随着技术的发展不断更新，至少处于与市场发展同步甚至领先的水平。同时，新设专业的师资调配或引进、课程设置、教学运行等都需要投入大量资源。因此，职业教育的教学运行成本很高，如果实训场所等教学设备使用率不高，或者该专业由于不适应社会经济发展或市场需求而导致专业撤并或调整，势必造成严重的资源浪费。专业集群发展不仅可以实现院校内部的专业和专业群建设的资源共享功能，即由于各专业相互融合与渗透，师资、设备、基地以及相关的合作企业和社会服务资源等方面的共享，降低专业建设成本；而且专业集群发展扩大了专业的适应性空间，覆盖的产业范围更加广泛，提高了专业服务产业的能力，使专业与地方产业的联系更加密切。

另一方面，从经济学理论分析，随着社会分工和专业化程度的大幅度提高，交易环节的增加、交易参与者的增多、信息的不完全或不对称等都使得交易费用大幅增加。交易是经济学中的概念，科斯最早发现交易费用的存在，康芒斯则是最早从宏观角度解释了交易的概念，认为生产活动和交易活动共同构成了人类的全部经济活动，生产活动指的是人与自然的关系，和生产概念相对，交易是指社会中人与人之间的关系。[③] 随着研究的发展，制度经济

[①] Rand Spiro, Paul J. Feltovich, Michael J. Jacobson, Richard Lorne Coulson. Cognitive Flexibility, Constructivism, and Hypertext: Random Access Instruction for Advanced Knowledge Acquisition in Ill-Structured Domains[J]. Constructivism and the technology of instruction: A conversation 01/1992(35): 57-75.
[②] 刘儒德.论认知灵活性理论[J].北京师范大学学报（人文社会科学版），1999(5)：61-66.
[③] 王耀光.交易费用的定义、分类和测量研究综述[J].首都经济贸易大学学报，2013(5)：105-113.

学研究认为,交易的概念不再局限于经济活动中,而是大大拓展其应用解释的范围,交易的对象从有形的物品扩大到更多的无形资源,如信息、管理等。[①] 专业建设活动主体之间的交往成本,可以理解为不同主体为创造满足受教育个体接受专业教育所需要的资源条件,以及个体发展过程中所产生的各类有形和无形的成本,包括专业建设的各种资源的配置以及获取专业建设的市场需求信息等。从专业管理的角度分析,专业集群发展由于是在区域层面针对某类专业的整体调控,降低了单个院校层面专业建设的盲目性和低效率状况。不仅降低或减少了大量的可见物质成本,也解决了由于专业管理的低效率所导致的专业重复性建设、专业资源配置效率不高等问题。

(二)促进专业协调发展

由于每一个产业集群对不同层次人才的需求结构表现不同,而且即使是相同或相近职业岗位,其对人才需求的数量方面也有所不同。[②] 因此,地方教育主管部门必须要针对区域范围内职业教育专业建设工作进行分析,形成既与区域内产业集群发展的特点需求相对应,又体现出不同院校专业相互衔接的立体化专业集群体系。《教育部关于推进中等和高等职业教育协调发展的指导意见》(教职成〔2011〕9号)要求"研究确定中等和高等职业教育接续专业,修订中等和高等职业教育专业目录,做好专业设置的衔接。……优化专业的布局、类型和层次结构。"因此,联结发展的专业建设体系目前首先应是以促进区域内中、高等职业院校间的协调发展为目的。在《中等职业学校专业目录(2010年修订)》中,已经列举了中职专业相应的继续学习的高职和本科专业,在新修订的《普通高等学校高等职业教育专科(专业)目录(2015年)》中,也增加了"衔接中职专业举例"和"接续本科专业举例"的内容,而且两者也都有关于对应职业的内容,为同一类型或者不同类型和不同层次的专业衔接奠定基础,使得建立适用于区域专业管理的跨越院校层面的专业集群建设有了具体依据。

综合而言,集群发展要求区域内专业与产业形成横向联系、纵向沟通、功能综合的立体式专业体系。所谓横向联系,一方面是专业的需求源自产业需要,为此,必须加强和建立教育部门与产业部门的合作,而且产业集群理论认为,集聚与集群的区别就在于集聚区内各主体间形成互动合作的联系。另一方面由于专业本身之间并无明确的联系,尤其是不同院校专业设置规模、数量及优化组合的方式等问题缺少依据,因此,专业设置与人才培养类型应主要对应产业链分工细分环节而建立。纵向上则以实现不同类型人才层次的培养,根据技术层级的划分形成不同的专业培养目标,依据对技术学习的逐步深入安排专业教学和学习内容的衔接。在此基础上形成区域内职业教育专业集群发展的体系,不仅有利于专业管理的统筹协调,降低专业建设的成本,而且有利于地区内中高职的协调发展,促进职业教育向更高层次和更加完善的体系迈进。

---

① 董仁忠."大职教观"视野中的职业教育制度变革研究[D].上海:华东师范大学,2008:165.
② 孙峰.专业群与产业集群协同视角下的高职院校专业群设置研究[J].高等教育研究,2014(7):46-50.

第八章

集群创生——职业教育专业集群发展的保障

产业集群的创新发展要求形成适应产业集群发展的专业体系,那么什么样的外部条件有利于地区专业集群的发展？集群的地域特征、组织特征,集群内部各要素的特征,以及各种外围的支撑条件、环境和政策等共同构成了影响集群创新的重要力量,研究根据区域创新系统理论,从推动创新发展的保障要素建设分析,寻求如何建立有利于专业集群发展的外部条件和机制,充分发挥其在区域经济发展中的重要作用,彰显其越来越重要的功能和更加不可替代的角色地位。

第一节 职业教育专业集群发展的政策保障

一、属性初显,专业密切联系产业发展的早期探索

20世纪90年代,随着我国高职教育的兴起,有关专业建设的实践探索开始自发地在部分高职院校中进行。为规范发展,国家教育管理部门适时出台了不少相关政策,积极地促进了我国高职教育发展初期专业建设工作的开展。1998年2月,《面向21世纪深化职业教育教学改革的原则意见》要求,职业教育的"专业设置、课程开发须以社会和经济需求为导向,从劳动力市场分析和职业岗位分析入手,科学合理地进行。"而且专业设置要"从地区和行业发展的实际需要出发"。21世纪以后,这种零星的探索逐步得到认可和推广,在更多的高职院校中展开。2000年1月,《教育部关于加强高职高专教育人才培养工作的意见》指出要"按照技术领域和职业岗位(群)的实际要求设置和调整专业",并妥善处理好社会需求的多样性与教学工作相对稳定性的关系,在专业设置的口径上,可宽可窄,宽窄并存。2002年,国务院《关于大力推进职业教育改革与发展的决定》提出"及时调整专业设置,积极发展面向新兴产业和现代服务业的专业,增强专业适应性"。2005年10月,《国务院关于大力发展职业教育的决定》进一步要求,合理调整专业结构,面向新兴产业和现代服务业推进精品专业建设。

综合分析这一时期有关政策要求的特点,首先是明确提出了职业院校的专业设置要按照市场分析和职业岗位分析相结合的方法、专业设置对接职业岗位或岗位群的依据以及专业口径的灵活性原则等,突出体现了职业教育专业建设的特点；其次,明确了专业设置的地

方性和面向产业服务的专业属性;最后,注重专业结构的优化和调整。要求密切联系我国经济体制改革、产业结构调整的变化趋势,在专业布局和结构调整方面形成与经济社会同步发展的态势。

二、群化发展,专业内涵体系建设逐步深化和丰富

2006年,《教育部 财政部关于实施国家示范性高等职业院校建设计划 加快高等职业教育改革与发展的意见》提出在100所示范院校中重点建成500个左右的专业群发展目标。随后的《教育部关于全面提高高等职业教育教学质量的若干意见》明确了专业群的内涵及要求——"以重点专业为龙头、相关专业为支撑的专业群"。接着,教育部公布首批28所示范性高职院校名单,2007年和2008年分别公布了第二批42所及第三批30所示范性高职院校,标示着高职院校专业群建设工作进入快速发展阶段,相关的研究与实践探索也开始不断增多。首批28所高职院校根据建设要求以各自的骨干、特色专业为核心组建了142个专业群,平均每所学校5个。主要建设内容包括以"双师型"教师团队建设为重点的专业群师资队伍建设,以及共享型实习实训基地建设和课程体系建设等。通过引进、聘请和培养做好专业带头人、专业骨干和兼职教师队伍的建设;加强校企合作的公共实训基地和生产性实训基地建设;改革课程体系,从培养目标、培养渠道、学制和受教育方式、课程设置等方面创新人才培养模式,提高人才培养质量。2009年,首批高职院校专业群建设已完成一个建设周期,在师资队伍建设、实训基地建设等方面取得了良好的效果。建设周期内,教师培训数量逐步扩大,建立了聘请企业人员担任兼职教师的机制;建成了一批共享范围广、机制灵活、效益突出的生产性实习实训基地。

这一阶段,随着高职示范校工作的推动开展,职业教育专业及专业群建设取得了初步成果。首先,进一步明确了职业教育专业建设"服务区域经济和社会发展,以就业为导向,加快专业改革与建设"的专业设置原则;其次,提出分层加强专业体系建设,形成国家、地方和学校"三级重点专业建设体系";最后,在院校层面,要求将高职院校专业群建设作为示范性高职院校建设项目的重要内容,提出重点加强专业群建设,明确专业群建设的任务,并对专业建设的重点内容、目的、意义及其组建要求予以说明。

三、集群面向,聚焦专业管理机制与专业组织形式的改革创新

(一)加快形成面向现代新型产业领域的专业发展机制

2010年,《国家中长期教育改革和发展规划纲要(2010—2020年)》要求"把职业教育纳入经济社会发展和产业发展规划"。为贯彻纲要精神,2011年,《教育部 财政部关于支持高等职业学校提升专业服务产业发展能力的通知》中提出针对"专业设置与产业发展脱节"等问题,围绕现代农业、制造业、生产和生活性服务业等重点方向、重点领域,支持一批紧贴产业发展需求的专业进行重点建设。2013年,《教育部办公厅 财政部办公厅关于公布高等职业学校提升专业服务产业发展能力项目验收结果的通知》重申,根据前期专业建设成果及出现的问题,应继续"坚持优化区域职教专业布局,持续提高专业与产业契合度"。2014年5月,《国务院关于加快发展现代职业教育的决定》进一步提出"科学合理设置专业,健全专业随产业发展的动态调整机制"。2019年3月,《教育部 财政部关于实施中国特色高水平高职学校和专业建设计划的意见》对高水平专业群建设持续要求"健全对接产业、动态调整、自我

完善的专业群建设发展机制"。

（二）加快推动区域内专业设置管理与衔接的机制改革

2014年，教育部等六部门联合印发《现代职业教育体系建设规划》(2014—2020年)，提出"建立产业结构调整驱动专业改革机制"，主要包括：一是要从区域层面上"探索建立区域中高职专业设置管理的宏观协调机制"和"专业设置信息发布平台和动态调整预警机制"；二是提高职业院校专业设置自主权，"建立面向市场、优胜劣汰的专业设置机制"，主要建设目标在于"提高学校特色优势专业集中度"。

为此，《现代职业教育体系建设规划》提出了加强产业集聚区职业院校专业集群建设要求。首先，"新建城市、城市新区和各类产业集聚区建设要科学规划职业教育布局"，"形成一批支持产业转型升级……的高水平应用技术人才培养专业集群。"其次，"推动区域内职业院校科学定位，使每一所职业院校集中力量办好当地经济社会需要的特色优势专业（集群）"（这一点在教育部《高等职业教育创新发展行动计划（2015—2018）》中也得到了明确体现），以"改变专业设置盲目追求数量的倾向"；再次，在专业集群的建设方向上，强调要加大面向现代新型产业形态的"急需专业（集群）的支持力度。"最后，在专业集群的建设途径上，教育部会同有关部门联合下发的《关于引导部分地方普通本科高校向应用型转变的指导意见》提出"建立紧密对接产业链、创新链的专业体系""围绕产业链、创新链调整专业设置，形成特色专业集群。"

可见，新时期有关职业教育专业建设的政策延续了以往政策的精神，在持续强调专业密切联系产业发展的前提下，注重了专业建设的重点服务面向、专业集中度和结构优化、专业动态调整机制等内容。同时也反映出，职业教育专业建设虽历经多年的推动发展，但在专业服务产业能力方面亟待提升，由此推动专业组织形式不断地创新发展，为职业教育专业对接产业、开展专业集群建设提供了政策依据（见表8-1）。

表8-1　我国职业教育专业建设管理机制建设的阶段特征与政策要点

阶段特征	政策要点
属性初显，专业密切联系产业发展早期探索阶段（1998—2005年）	专业设置采用职业分析的方法； 专业设置对接职业岗位或岗位群的依据； 专业设置口径的灵活性原则； 专业设置的地方性和服务产业的专业属性； 专业结构适应经济结构、产业结构的要求
群化发展，专业内涵体系建设逐步深化阶段（2006—2009年）	明确专业设置的原则； 分层加强专业体系建设； 提出专业群建设的内容、目的、组建要求等
集群面向，聚焦专业管理机制与专业组织形式的改革创新阶段（2010年以后）	专业集群与产业集聚区发展相适应； 提高职业院校专业集中度； 面向新型产业领域的专业集群建设方向； 基于产业链和创新链的专业集群体系建设

第二节 职业教育专业集群发展的保障要素

专业集群发展体现为建设适合集群创新发展的区域环境,集群创新网络是区域创新体系的组成部分,区域创新系统理论认为推动区域创新的重要力量之一在于实现制度和体制机制的创新。

一、集群创新发展的要素构成

在世界经济全球化的今天,在开放的全球市场上,来自地区的优势重新受到人们的关注。某些地区的产业经历长期的发展,形成了地方产业的重要社会文化资产,对其技术的学习与挖掘只能结合地方的资源展开。例如浙江温州制鞋产业、宁波服装产业、永康五金机械产业等,历史上就比较发达,当地的企业和居民都掌握了产业需要的核心技术工艺。在这种产业文化氛围中,产业技术的学习、传承和发展可能在人们日常的接触和生活化的交流中就会完成。在全球化与本地化趋势并存的当今世界,更新和创造区域创新环境是许多国家和地区为增强竞争实力而选择的一种弹性政策措施。

20世纪90年代以来,在参与城市和区域开发与管理研究以及对国家创新系统的深入研究过程中,一些专家学者开始了对区域创新系统的研究。1990年,英国威尔士卡迪夫大学教授库克和摩根首先在研究报告《通过网络化进行学习:区域创新及巴登-符腾堡的教训》中提出"区域创新"的概念。[1] Grabher[2]指出,新产业区的发展正是企业与其周围区域内的其他行为主体基于地方人文环境基础上形成的网状互动关系。随后,库克在《区域创新体系:新欧洲的竞争性规制》中正式提出"区域创新体系"(regional innovation system),认为"区域创新体系是在具有本地根植性特征的制度环境中,企业和各种组织系统地进行互动学习"。1996年,库克等就区域创新系统理论进行了较为明确和详细的阐述,提出区域创新系统即是由在地理上相互关联的多种机构构成的组织体系。[3] 1997年,库克发表了《区域创新系统:制度与组织观》,进一步将区域创新系统定义为:"企业和其他机构通过以根植性为特征的制度环境系统地从事交互学习。"[4]

从以上对区域创新系统理论的阐述中,可以看出区域创新系统理论与产业集群理论的内容有着明显的相似之处。有关产业集群与区域创新体系两者关系的研究中,陈柳钦认为区域创新体系是发展产业集群的基础,产业集群的发展有利于形成区域创新环境。[5] 从定义上分析,广义的区域创新体系包括生产企业群、教育研究机构、政府以及支撑性的金融、商

---

[1] 唐先明.我国省域基础研究影响因素与空间分布研究[D].重庆:重庆大学,2010:121.

[2] Grabher G. The Embedded Firms: On the Social-economics of Industrial Networks[M]. London: Routledge, 1993: 127-136.

[3] Cooke P. Regional innovation system: the Role of Governances in the Globalized World[M]. London: UCL Press, 1996: 9.

[4] Cooke P, Uranga M G, Etxebarria G. Regional systems of innovation: an evolutionary perspective [J]. Environment and Planning A, 1998, 30(9): 1563-1584.

[5] 陈柳钦.产业集群与区域创新体系互动分析[J].重庆大学学报(社会科学版),2005(6):1-10.

业等服务机构。① Cooke 和 Schienstock② 认为,由产业集群主导组成的集群创新系统内部的机构其实也包括政府部门、教育研究机构、研究成果和技术转移机构、社会支持性服务机构以及企业网络和企业集群等。为此,Asheim 和 Isaksen③ 等人总结认为,产业集群组织是区域创新系统的重要组成部分,他们将区域创新系统组成机构分为两个主要的组成部分:主体性机构和制度性机构。其中主体性机构主要是由产业集群中的企业及其支撑产业构成,制度性机构则包括教育研究机构以及社会组织、金融机构等。在有关产业集聚与区域创新系统关系的后续探索中,通过其对案例国家和地区的研究,提出了几种影响区域创新系统的重要因素,其中外部性和空间集聚因素是区域创新系统形成的重要因素。④ 因此,可以认为,产业集聚的形成与集群的发展是区域创新的重要方面,即产业集群是区域创新的有利条件,从某种意义上理解甚至可以认为二者存在极其密切的关系,但也并非说明产业集群是区域创新形成的唯一前提,因为除了集聚性因素的存在,还有相关的制度、组织形成的经济条件因素等。Capello 也认为,区域内主体间的互动联系是区域创新系统的重要特征,也因此促进了学习与创新行为的发生,形成了创新型的区域环境,反过来又会吸引并强化企业形成在空间内的集聚。⑤

主流经济学通过对技术演化进行研究认为,促进经济增长的因素并非传统的生产要素,如资本的投入或积累、劳动力的增长以及规模经济等。从长期的角度看,技术创新才是其中最根本的因素。从技术创新产生的条件分析,技术创新不能凭空产生,而是与一定的制度及组织形式有关。⑥ 区域创新体系的核心功能旨在通过主体的互动促进企业的技术创新,同样,创新的实现又会受到多方面的影响,传统的经济学理论秉持"技术决定论"以及"制度无关论",过分地关注和强调技术的重要作用而忽略了制度对创新和经济增长的影响,而新制度经济学理论将组织管理作为创新的一个重要分析要素,即从组织管理的视角分析促进创新实现的机制条件,通过建立一定的制度机制和组织建设,优化形成创新的环境。⑦ 基于此,我们可以认为,区域创新系统其实主要是由技术和制度创新共同作用、相互影响和合力推进的体系。

为此,我国学者陈柳钦总结认为区域创新体系是在特定区域和特定经济文化背景下,由参与创新的主体要素、非主体要素以及协调各要素关系需要的制度、政策所组成的网络。进一步具体概括为三种要素:主体要素、功能要素和环境要素。⑧ 其中,主体要素包括政府、学校和企业等组织机构,是知识开发、生产和应用的主要部门,是创新实现的核心部门,因此位

---

① Wiig H, Wood M. What comprise a regional innovation system? An empirical study[A]. Paper prepared for Regional Association Conference. "Regional Futures: Past and Present, East and West", Gothenburg, Sweden, 1995.

② Cooke P, Schienstock G. Structural Competitiveness and Learning Region[J]. Enterprise and Innovation Management Studies, 2000,1(3): 265-280.

③ Asheim B T, Isaksen A. Regional Innovation Systems: The Integration of Local "Sticky" and Global "Ubiquitous" Knowledge[J]. Journal of Technology Transfer, 2002,27(1): 77-86.

④ Cooke P, Boekholt P, Todtling F. The Governance of Innovation in Europe[M].London: Pinter,2000: 21.

⑤ Capello R. Spatial Transfer of Knowledge in Hi-Tech Milieux: Learning Versus Collective Learning Progress[J]. Regional Studies, 1999(33): 352-365.

⑥ 王彬.企业创新系统研究[D].成都:四川大学,2004:256.

⑦ 邹再进.论区域创新系统中技术创新与制度创新的关系[J].云南财贸学院学报(社会科学版),2005(3):46-47.

⑧ 陈柳钦.以产业集群引导区域创新体系向纵深发展[J].重庆社会科学,2005(11):36-41.

于创新体系的中间层;功能要素是促进创新的机制与能力建设,具有辅助或协同作用,紧密围绕主体要素而不可分离;环境要素则是为创新成果的转化提供有力的保障。三种要素的关系如图 8-1 所示。

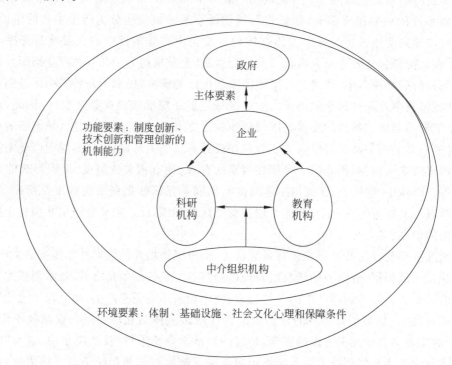

图 8-1　区域创新系统组成要素结构及其相互关系

二、制度是实现创新的重要保障

在库克提出区域创新体系的基础上,阿歇姆等认为,区域创新体系其实主要由两类主要的行动者及其相互关系构成,一类是区域产业集群及其支撑产业的企业,另一类是促进相关机构联系的制度组织结构,而且它们在支持区域创新的过程中起到重要作用。[①] 由于制度在区域创新中的重要作用,有关区域创新体系的研究也逐渐形成两个主要的分支,一个就是关于制度分析,另一个则是要素分析和区域创新能力的建设。

诺思、托罗斯合著的《西方世界的兴起》一书通过对比不同体制国家发展轨迹的演变,阐述了社会制度变革与技术创新相互影响的关系,其中经济组织的有效变革有力地推动了经济增长。[②] 因此,制度创新是实现区域创新系统构建和国家创新体系发展的重要力量,它主要通过冲破传统观念和体制等方面的障碍,建立有利于创新资源优化整合和高效互动的制度、体系和机制,充分激发和释放创新的潜力,拓宽创新的空间。

制度分析学派借鉴制度经济学研究问题的方法,除了研究正式的制度,也对非正式制度给予了较多的研究和关注。尤其是在当地特有的惯例、规范和共同的价值基础上形成的规

---

① Ashcim B, Isaksen A. Location, Agglomeration and Innovation[J]. Towards Regional Innovation Systems in Norway European Planning Studies, 1997.
② 道格拉斯·诺思,罗伯特·托马斯.西方世界的兴起[M].厉以平,蔡磊,译.北京:华夏出版社,2014:3.

则、习俗等,对促进不同组织、角色间的信息交换和知识传递起到了重要作用。创新网络除了若干企业设立共同研发的合资企业、建立共同的技术标准和研发外包协作等正式合作的网络形式外,更多的体现为由企业间、科学家与工程师之间自由地分享和传播新技术知识以及解决共同面临的技术难题等松散合作关系构成的非正式网络形式。

三、专业集群发展的要素分析

从专业集群网络的构建和促进区域创新的角度分析,专业集群网络的创新发展需要从创新体系的组成要素出发,加强组织要素和制度要素方面的需求建设,以形成区域专业集群发展的环境。

(一)环境建设

从区域创新体系与教育部门的关系来看,随着科研活动不断渗透到知识生产、传播和分配、转化和使用过程中的各个环节,逐步形成了支持本地经济社会发展的地方性知识生产和传递体系,这种以服务地方发展为主要目标的"服务型知识贡献体系是国家和地方创新体系的重要组成部分"[1]。在服务地方经济和产业发展的过程中,专业建设是联结地方院校教学科研和人才培养的纽带,专业集群式发展的集群网络结构以强化地方知识体系的功能成为区域创新体系的重要力量,不仅同样具有创新体系发展的特点,也在推动区域创新体系的建设和要求的基础上体现出自身网络化发展的特征。

因此,专业建设上应突出从地方社会需求出发,加强对服务地方经济的应用主导型专业设置的支持,带动其他相关专业和技术领域的发展,加快知识、技术的生产、传播和应用,加强培养地方经济需要的具有创新精神和实践能力的人才。为此,一是要突出专业建设的应用服务型导向,处理专业建设的基础性和应用性之间的关系,围绕地方经济结构调整、产业转型升级的需要,从地方产业基础和发展目标出发,发挥专业建设在推动知识创新和技术创新中的作用;二是加强与行业、企业部门的互动交流渠道和机会的创造,便于从实际领域中发现问题,了解并掌握企业生产和技术创新的人才需求和障碍,成为专业建设的根本着力点;三是建立地方性知识应用转化平台和公共服务体系建设,成为专业建设与产业衔接的有效支撑。

(二)制度建设

从我国的专业管理制度建设的环境分析,与以美国等为代表的自由市场经济国家不同。首先,我国专业管理长期实行的是计划经济体制下的严格控制和直接管理,我国现行教育体系的专业设置管理体制形成于"20世纪50年代初期成型的学问治理的中央化样式"[2]。政府是专业设置和调整的主体,并且往往采用的是集权而单一的行政审批方式。在面对快速变化的市场需求时不免缺乏灵敏性,滞后于经济社会的发展,甚至由于缺少科学的预测方法手段,有时可能使得调控的实施偏离了社会发展的实际。其次,我国实行的是目录式的专业管理方式。专业目录是国家进行专业管理的指导性文件,是专业设置、调整、开发和对专业性人才进行培养、指导就业以及进行教育统计和人力资源规划的重要标准和依据。[3] 既有

---

[1] 华长慧.高等教育服务经济社会的新视野[M].北京:高等教育出版社,2013:118.
[2] 鲍嵘.高深学问与国家治理[D].厦门:厦门大学,2004:222.
[3] 姜大源.市场机制下职业教育专业设置管理的目标[J].天津成人高等学校联合学报,2003(4):32-35.

利于教育部门对职业教育专业设置进行管理,也有利于行业、企业部门及其他用人单位根据不同专业的设置和培养目标选择录用所需的学生。

从专业设置管理的权力配置分析,伯顿·克拉克提出了三种教育领域中的权力形式:政治权力、市场(或社会)权力和专业权力。[①] 不同的权力类型在不同的组织层次间的分布形成权力结构,而不同的权力结构对权力的行使将产生完全不同的影响,表现为组织对外界环境的被动反应。在我国教育领域内,影响我国专业设置的权力主要是政府的行政审批权[②],专业设置的权力主要在于政府部门,学校仅有在框架内调整的有限权力,在此之下形成了学校专业设置管理中等级分明的权力结构,地方学校和政府与中央管理部门保持高度的一致,包括专业的增设、鼓励发展的专业和对专业规模的控制等,权力决策的统一化程度非常高,地方的特殊性没有得到充分的考虑和体现。因此,专业集群发展的制度建设需要改革传统局限的专业管理方式,建立符合地方产业集群发展需求,便于实施专业设置与调控的新型专业管理制度。

(三)组织建设

专业集群的集群组织建设主要包括:一是由主要相关专业组成的专业实体性组织,也是专业集群的主要组成部分。构成专业建设实施主体的各类学校在知识贡献的层次、种类和数量方面都不尽相同,其在国家和地方创新体系中的地位和作用也有差异,但在服务的指向上应将学校的知识贡献体系融入地方创新体系之中[③],促进专业建设与创新体系的融合。二是引导专业与产业衔接的政府部门组织,包括教育行政管理部门,主要是对专业集群网络的建设从区域整体层面进行协调控制,制定有利于专业集群发展的政策和具体措施等。三是与专业建设相关的部门或单位,如行业组织、科技管理部门等,它们在与产业部门进行联系以及促进知识生产、传播和转化等方面常常具有独特的优势。

第三节 职业教育专业集群发展的保障内容

专业集群发展理念突破了传统仅从院校内部讨论专业建设的问题,从专业宏观管理的角度来看,专业与产业的衔接需要一种更高层级的专业管理思维和方法,摆脱区域内院校专业设置独立分散的局面,增强专业发展的凝聚力,实现专业组织的创新发展。

一、专业集群发展的制度保障

(一)政府层面的专业集群管理制度

我国现行专业建设的管理方式是国家教育管理机构通过制定和颁布职业教育专业设置指导目录,制定专业设置标准,地方教育主管部门负责制定具体的专业设置管理办法,从而形成职业教育专业设置的基本制度和管理框架体系。由于我国职业教育主要由教育部门统筹管理,而部门的单一性难以解决跨部门、跨领域问题,职业教育需要更高层面的政策设

---

① 伯顿·克拉克.高等教育系统——学术组织的跨国研究[M].王承绪,译.杭州:杭州大学出版社,1994:128.
② 贾汇亮,黄崴.利益相关者视野下的高校本科专业设置改革[J].教育发展研究,2011(7):70-73.
③ 华长慧.高等教育服务经济社会的新视野[M].北京:高等教育出版社,2013:118.

计^①，以适应专业集群的跨组织特征。在现有的管理体制下，专业是在各院校自己分析产（行）业人才需求的基础上，经教育厅有关部门批准而设置的。随着我国市场经济体制的发展逐步成熟，市场机制对社会生产生活的调节作用逐渐增强。但在专业设置调整的信息传递和反馈机制建设中，由于学校与社会上相关行业之间的横向市场联系仍十分欠缺，因此主要依靠的还是以政府教育行政管理部门为主的纵向调控机制。这种管理模式带有浓厚的计划经济时期的条块管理色彩，其弊端显然是缺乏灵活变通性，导致专业设置不能依据市场、产业结构变化而适时做出调整，单个职业院校和地方部门对专业建设缺乏自主权。如果职业院校只能按照统一的专业目录设置专业，必然使得地方一些新的市场需求无法转化成实践。[②] 因此，职业院校的专业设置管理，最重要的应该是准确掌握地方市场的实际需求，灵活地设置和调整专业。目前，虽然构成这一制度的某些方面的条件发生了一些变化，例如专业目录由指令性变为指导性，学校在专业设置上拥有了一定自主权，在专业方向的开设、专业教学计划执行要求等方面也增加了灵活性。但总体上来看，某些单方面的变化短期内难以改变专业统一设置管理的调控方式。

如果要使职业教育更有适应性，其中最难以克服的障碍之一就在于中央集权化和行政化的管理。[③] 因此，专业集群建设迫切要求改革传统的专业管理制度。首先，简化专业设置管理审批程序，省级教育管理部门的功能和制度建设更多地转向对专业建设的监督和评价方面；其次，赋予专业集群管理组织更多的自主权，保障专业集群对接产业集群发展变化的要求；再次，给予地方政府和教育管理部门更大空间上的人力、财力和物力资源的管理权，尤其是涉及跨层次、跨部门的人员调整或资源整合上，保证专业集群组织的活力；最后，改革专业名称统一的做法，及时跟进产业的变化，细分市场定位，办出具有地方特色的职业教育。

（二）校企层面的专业集群共建制度

专业集群发展不同于原有的专业独立分散设置的局面，强调专业间的密切结合并且实现专业的衔接和差异化发展，为此，在专业集群的制度建设上需要从区域内产业集群的现状特点分析出发，明确专业集群发展的方向。

首先，建立健全新设专业的申请和论证制度。从产业集群的需求分析入手，分析产业集群所在的行业特点和人才需求状况，以及地区内职业人才的结构、数量比例等，明确专业的人才培养目标，以此规范专业设置申请的前期论证准备工作，逐步健全专业集群内部专业的申请和审核制度，保障形成科学合理的专业集群结构和专业设置方向。其次，建立健全同类院校间以及校企双方的合作交流制度。正式制度包括：一是院校之间的定期交流制度。专业集群发展拓展了专业的空间范围，就专业集群的管理职能而言，其目标指向是统筹协调区域内不同院校的专业设置和调整，而专业建设最终在于院校层面的专业设置，因此应加强院校之间的专业建设的交流，包括专业建设的目标、人才培养方案的设计和课程组织教学等。二是校企之间的合作交流制度。例如建立经常性的技术研讨会制度，针对企业生产过程中遇到的技术瓶颈问题，据出有关技术改进和产品创新的技术需求，成为指导专业教学和人才

---

① 和震.职业教育校企合作中的问题与促进政策分析[J].中国高教研究,2013(1)：90-93.
② 潘懋元.黄炎培职业教育思想对当前高等职业教育的启示[J].教育研究,2007(1)：45-50.
③ T.胡森,等.教育大百科全书：职业技术教育[M].张斌贤,和震,等译.重庆：西南师范大学出版社,2011：39.

培养的主要方向。此外,还可以通过一些非正式的交流活动的举行,通过加强同类专业教学人员之间以及来自学校与企业实践人员之间的沟通,推动专业改革并建立专业服务产业的多样化路径。

二、专业集群发展的组织保障

(一)专业集群组织的主体建设

首先,从集群构成的主体要素分析,专业集群是在一个更广阔范围内的资源组合,代表了一种更加复杂的专业组织形式(见图8-2),需要对其组织构成的各个部分的建设内容加以说明。第一,从政府部门来说,包括政府领导机构的设置、组成、制度设计和责任机制建设,发挥统筹协调功能以及区域内专业结构的调整或重组,专业布局的优化等;第二,从行业企业角度来说,专业集群以服务产业集群发展为目标,实现专业与产业的有效对接,则涉及利用行业企业的有利资源,发挥行业企业优势效应建设专业品牌等方面;第三,从利用市场信息的角度,则是顺应市场潮流,把握产业发展的趋势与动态和市场对人才需求变化方面的要求,做好专业发展规划,包括新开设专业与旧专业的淘汰更新等;第四,从院校自身来说,包括与区域内其他职业院校共建师资队伍、科研平台、课程教学资源库、实训基地等;第五,从专业培养人才的角度,则纵向上不可避免地会与社会部门产生联系,如合作招生单位、职业资格培训鉴定部门、就业服务机构以及相关网络平台主体等。

图8-2 区域职业教育专业集群建设"五位一体"组织结构

(二)专业集群组织的机构建设

在职业教育体系内部,职业院校管理主体分散,有些职业院校由地方政府主管,有些由省教育厅主管,还有些隶属于行业部门。与产业集群的集聚性效应不同,专业集群不会发生主动的聚集。职业教育以服务当地经济发展为主,因此,地方政府必须发挥核心作用,成为职业教育专业集群建设的主体。而且,集群的复杂性要求其能与产业、行业企业以及社会机构建立联系,担任管理者的角色。因此,就机构的地位来说,应该是相对地方产业、教育管理等部门较高,而人员组成又涵盖各部门主要负责人以及行业、企业和教育领域的实践专家。建立以产业部门为主,教育部门和院校为辅,政府及社会部门共同参与发展的新型体制平台。①

具体来说,地方专业集群建设领导机构应在以下方面发挥作用。第一,及时跟进和了解地方政府的产业发展规划信息,指导职业教育专业集群的设置和更新。第二,参与地方政府产业政策的制定,运用其对产业发展信息和职业教育发展情况的熟知,保障专业集群设置与产业需求的有效对接。第三,切实发挥集群建设管理机构的责任,做好集群建设的资源整

---

① 刘家枢,高红梅,赵昕.适应区域产业集群要求的高职专业集群发展对策思考[J].现代教育管理,2011(4):38-41.

合,妥善处理过程中遇到的问题。第四,建立并维护与行业企业的关系,了解新近的市场变化信息和人才需求,指导专业集群内部人才培养目标、课程设置、教学实训等具体工作。第五,做好就业信息服务工作,拓展渠道与社会专业组织合作,发布动态就业信息;建设专业就业信息统计数据库,跟踪毕业生就业后的职业发展情况和就业质量等信息。第六,建立并逐步完善专业集群评价考核机制。第七,做好专业集群内部专业数量的增减、专业规模的管控或专业设置方向的调整等管理工作。

第四节 职业教育专业集群发展的保障机制

综合而言,我国专业建设形成了统一管理、宏观调控、地方适度自主的专业管理体制。已有的专业管理政策和制度重在引导专业建设发展方向的环境建设,而在促进管理体制变革和机制优化方面还需要加强。

从集群发展的机制优化分析,政府作为专业管理体制的领导部门以及创新体系形成的主体,在不同的建设时期具有不同的作用。一般而言,在推动创新体系形成的初始阶段,政府主导型机制起着关键作用,而在创新体系的建设中,政府主要的功能则是对创新环境的维护和建设创新制度。[①] 就我国目前的经济体制及教育、专业管理体制来看,教育、经济以及科技部门之间彼此隔阂,学校与企业,甚至于在教育系统内部,不同类型的学校也分别归属不同的管理部门,部门间缺乏有效的沟通机制。由此造成区域内创新主体资源分散,创新体系难以形成系统化的局面。在政府主导型的专业管理体制下,专业设置与调整合适与否,在很大程度上取决于政府是否提供了一个较为宽松的制度环境。[②] 国际比较来看,在推动职业教育管理体制改革的进程中,一些政府可能采用更多的监管和规制,另一些政府则可能更大程度上信赖于市场机制的作用。[③] 因此,专业集群发展的机制优化更多地应以树立集群发展目标、引导集群形成和促进集群发展为指导思想,结合集群形成和演化的特点进行。

一、规划引导机制

(一)规划发展思路

专业集群发展旨在形成服务产业集群的区域专业建设与管理框架体系,集群发展目标规划是专业集群发展的起点。集群发展目标与集群体系建设不同,集群发展目标是建立起集群发展的专业建设新理念与方法的整体设计。首先,要明确专业集群发展的重要意义,形成对专业集群发展科学的认识,认识专业集群发展的内涵,把专业集群发展作为今后职业教育专业建设工作的重要内容;其次,将专业集群发展纳入区域经济发展和产业集群的规划中,根据本地的产业结构和经济社会发展的需求制定本地区职业教育的专业集群建设规划,建立专业集群发展的科学管理和规划引导新模式;再次,专业与产业分属于不同的领域和建

[①] 邓草心.高校在学习型区域创新中的作用研究[D].武汉:武汉大学,2013:218.
[②] 张宝蓉.高等教育规模扩张中两岸高校专业设置与调整之比较[J].台湾研究集刊,2008(2):45-54.
[③] Maclean R, Wilson D N. International handbook of education for the changing world of work: bridging academic and vocational learning[M]. Bonn: Springer Netherlands, 2009: 907.

设主体,单纯依靠教育部门很难掌握地区产业的变化动态,因此专业集群发展模式要改变资源分散的局面,以提升区域创新效益为目标,以区域创新内部联系为依据,建立专业集群发展的联合体;最后,专业集群体系建设是专业的具体实施和落实,是在明确了专业发展方向和前期资源整合基础上的框架构建,需要结合专业建设目前的发展阶段,形成专业集群发展的具体工作思路。

(二)明确建设流程

专业集群建设是以服务产业集群发展为目标,满足产业集群发展的人才需求,实现产业集群的创新升级。因此,专业集群发展的前提是在产业集群分析的基础上进行,首先,从区域产业分工与集聚水平分析入手,根据产业发展规模比较,确立地区目标产业集群;其次,针对产业集群的发展情况,从产业集群的职业人才需求确立专业集群发展的专业构成;再次,结合区域内产业集群的行业特点、空间布局特点、对应专业的数量、分布及其各环节的衔接情况,建立专业集群发展框架;最后,根据专业建设实际以及产业发展趋势规划和调整专业集群内具体专业的建设方向。

二、共建共管机制

在传统的专业管理中,专业设置管理是指令性计划导向的,政府教育主管部门通过指令性计划调节学校教育的人才供给和社会单位的用人需求。在市场经济条件下,专业设置的管理是劳动市场导向的,政府只是起到调控的作用,一般通过建立教育外部框架保障专业设置的健康发展。采用统一的专业目录管理学校的专业设置,其基本假设是专业目录可以反映出当前社会对人才需求的相应种类。但实际上,我国正处于经济转型升级的过程中,社会变化迅速,各种类型的人才需求不断涌现,专业目录中划分的专业,也许很快就无法涵盖或适应社会所需要的人才种类,又或者专业人才培养的规格内涵已发生了变化,导致学校不能及时地对专业作出更新或调整。为此,学校专业建设必须摆脱被动应对的局面,通过专业集群发展的组织和机制建设,适应经济社会和产业发展对人才培养的最新需求。

(一)社会参与机制

区域创新要求职业教育成为创新网络的一部分,但目前我国职业教育与区域创新网络的互动合作机制还不健全,职业院校与集群企业的互动网络还只是限于个别的校企之间的单一合作项目,如学生到企业顶岗实习实训,真正有利于促进集群技术创新的合作机制还没有建立起来。专业集群是跨院校、跨组织的专业体系,涉及多方主体构成的运行系统,而且学校的专业人才培养与社会各个领域有着较大的利益关联。有学者分析认为,学校是典型的利益相关者的组织[①],政府与企业部门作为教育人才使用的受益方理应承担共同培养人才的责任。如果学校教育的人才培养不对口,也会增加企业的用人成本,造成教育资源的浪费,难以发挥专业所长。缺少有效的社会参与机制不仅损害了相关群体的权益,也使得专业设置与调整不能较好地满足地方经济社会发展的需要。

(二)互动协调机制

专业集群组织的发展运行既需要政府专业集群建设领导机构或者教育管理部门的统一

---

① 张维迎.大学的逻辑[M].北京:北京大学出版社,2004:66.

组织管理，也需要各主体间主动积极地协作配合，如何协调参与院校之间的关系是保障专业集群实现其发展功能的关键所在。尤其是不同院校在专业建设上，由于可能存在竞争的关系，受各自的利益以及专业教学资源优势的影响，往往会对专业集群的发展造成阻碍。因此，区域专业集群发展要想形成持续长效发展的机制，必须建立在多方主体利益共赢的基础上，实现院校间专业设置的有序和差异化发展，不仅保障各自专业的发展利益，而且形成专业发展的利益共同体，从而提高区域内相关专业发展的整体竞争力。

三、效益评价机制

专业评估是对现有专业的一种认证和评价，其目的主要在于提高专业建设的质量。[①] 我国职业院校专业建设的评估方面，由于缺少有关衡量专业建设的社会、经济效益等质量的指标，成为制约区域职业教育持续发展的瓶颈。[②] 可见，职业教育服务地方经济发展的效益评价是职业教育专业质量评估的一项内容，我国有关职业教育专业建设的政策也自始至终强调职业教育专业适应并服务于区域经济发展的特点，但依然存在评价指标内涵模糊、难以具体化操作[③]等问题。传统的专业建设管理机制由于缺乏区域层面的依据标准，不仅使得专业设置独立分散，而且专业服务社会发展的效益难以衡量。

职业教育专业集群发展明确了面向产业集群的服务定位与目标，应围绕专业建设是否促进产业集群创新的联系与互动机制、是否满足产业集群的人才需求、是否形成与产业集群相适应的专业结构体系等方面着手分析，建立专业集群发展的效益评价机制。以此作为专业评价的主要内容，并逐步分解建立相应的评价机制与指标。通过专业集群评价的导向性功能，一方面探查专业集群的建设情况，另一方面通过评价促进和引导专业集群的发展。

四、灵活转换机制

职业教育专业集群建设既体现了其内部专业（群）之间的联系，又体现了其外部与产业的联系，形成跨层次连接院校，跨组织连接行业、政府的庞大而又极其复杂的组织。差异化发展目标是实现区域职业教育办学特色、保证区域竞争力的战略选择。集群组织以其共享、协同发展以及稳定性和灵活性等特点，通过对区域内资源进行整合利用，集中优势资源开展专业集群建设，可以很好地适应产业集群的发展需要。但是，专业集群发展不同于产业集群自发的"产生—消亡"的市场性机制，而且由于市场机制的局限性和教育自身的特殊性，在我国教育政策的实践中，市场机制的政策取向也不能使职业教育机构摆脱困境。[④] 专业集群要发挥人才智库培养与支撑的优势，不能被动跟随地方产业转型、升级的步伐，要主动引领产业发展、升级。为此，专业集群的灵活转换在于以专业集群组织机构为核心，同步规划产业与专业建设，密切联系产业发展的变化需求，以实现专业集群的灵活转换。

综上所述，职业教育作为支撑地区产业集群发展的重要组成部分，一方面需要在促进集

[①] 童华炜,张朝升.以专业评估促进地方院校土建类专业建设[J].高等工程教育研究,2008(2)：133-136.
[②] 刘家枢,高红梅,赵昕.适应区域产业集群要求的高职专业集群发展对策思考[J].现代教育管理,2011(4)：38-41.
[③] 汪劲松.专业与课程评估：地方高校教学质量保障体系的建设途径初探[J].中国大学教学,2014(2)：61-67.
[④] 和震.我国职业教育政策三十年回顾[J].教育发展研究,2009(3)：32-37.

群升级、推动区域创新发展的整体制度机制和环境建设中发挥重要功能,另一方面也在于从专业集群本身建设发展的角度,创造有利于地区专业建设工作的外部条件要素,加强专业集群发展的制度和组织建设,形成专业集群创新发展的地区专业建设保障。在此基础上,建立起一套完整的专业集群引导、建设、评价和转换机制,促进我国专业集群的建设和持续发展。

第九章

地方参照——A市专业集群建设案例分析

专业集群发展尚处于理论和实践的探索阶段,是区域内专业建设与统筹发展的创新,在前述理论分析和专业集群体系构建的基础上,职业教育专业集群发展还需要来自产业集聚区的案例分析作为实践支撑,从产业分析入手,探讨何种产业比较集中,其规模程度、地区分布、产业链分工特点如何等,相应的专业建设在数量、布局和具体环节的职业人才培养上是否形成了相适应的专业结构和体系。这是专业集群发展理论预设的分析要求,是专业集群建设工作开展的前提,需要结合案例地区的实际情况具体分析。专业集群因何被需要以及如何实施专业集群的建设,也需要从实践中寻求验证。

第一节 A市汽车产业发展情况

一、A市汽车产业发展历程及规模

A市汽车产业是与中国汽车工业同时起步,从零部件制造开始发展的。1886年德国人卡尔·本茨发明了汽车,中国从1901年开始有了进口汽车。从20世纪30年代起,A市出现了最早的一批汽车修理厂和零部件制造厂,但规模比较小,技术水平低。中华人民共和国成立之后,开始了大规模的工业建设。1953年7月,我国第一机械工业部批准建立A市第一汽车附件厂的计划任务书,1954年8月开工建设,1956年竣工。该厂主要生产化油器、汽油泵、滤清器、调温器、刮雨器、压力表、气缸垫、油封、前大灯、轴瓦等产品,与一汽生产的解放牌汽车配套,A市成为解放牌汽车零部件的重点生产基地之一。

从1958年开始,A市开始试制整车产品。第一汽车附件厂试制出第一辆"井冈山"牌小轿车后,1958年6月20日,第一汽车附件厂改名为A市汽车制造厂,于1958年7月27日正式挂牌。1966年年底,国务院正式批准A市汽车制造厂的扩建改造工程,这是国家批准的A市第一个整车生产项目。从1958年到20世纪70年代期间,A市陆续进行了多种汽车整车产品的开发试制,包括轿车、轻型越野车、轻型载货车等。20世纪70年代初,A市汽车产业发展已形成初具规模的生产基地,年产量1.5万辆左右,成为A市工业部门中的新兴行业。

1983年5月5日,A市吉普汽车有限公司创立。1984年1月15日,A市汽车制造厂同美国汽车公司合资经营的汽车公司正式开业。经过一系列的调整,生产经营规模出现大幅度增长,1984年汽车产量达4060辆,1987年增长到17 000辆,跻身全国工业企业500强的第48名。1988年3月,在A市第二汽车制造厂基础上组建的合资企业A市轻型汽车有限公司成立,后来经过资产重组,其中一个厂区作为投资进入A市现代汽车公司,成为A市现代轿车的生产基地。20世纪90年代以后,A市又相继引进了切诺基、五十铃N系列轻型汽车、三菱速跑越野车、欧蓝德等产品。

2000年以后,A市对汽车工业管理体制、产业结构布局等方面实行全面调整,大大促进了A市汽车产业的发展,汽车产业工业增加值和从业人员比重方面均呈快速上升趋势。2005年6月,A市吉普汽车有限公司变更为A市奔驰汽车有限公司。"十一五"期间,A市汽车在产销量和产值方面均出现了快速增长,年均增速都达到了20%以上。2010年,汽车工业实现产值近2000亿元,占全市工业产值的比重达到15%。[1] 统计数据显示,2009—2012年,A市交通运输设备制造业工业增加值高于电子及通信设备制造业,成为A市制造业第一大部门。2012年开始,汽车制造业占工业增加值的比重为16.9%,已从工业部门中单独划出(见表9-1)。

表9-1　2009—2021年A市交通运输设备(汽车)制造业主要经济指标变化表

年份	行业	工业总产值(当年价格)/亿元	工业增加值/亿元	工业销售产值(当年价格)/万元	从业人数/人
2021	汽车制造业	3433.2	—	—	75 628
2020	汽车制造业	4139.4			93 969
2019	汽车制造业	3964.5			103 498
2018	汽车制造业	3945.3	—	39 578 915	122 054
2017	汽车制造业	4492.5		44 422 303	146 499
2016	汽车制造业	4771.6	949.5	46 784 580	151 712
2015	汽车制造业	3882.9	799.9	38 753 657	141 680
2014	汽车制造业	3647.6	726.2	36 418 374	142 515
2013	汽车制造业	3269.2	732.3	32 371 928	130 051
2012	汽车制造业	2521.5	512.6	25 259 437	119 618
2011	交通运输设备制造业	2495.6	562.1	24 767 982	139 721
2010	交通运输设备制造业	2177.7	457.8	21 507 059	129 375
2009	交通运输设备制造业	1663.8	310.6	16 351 882	113 156

数据来源:2010—2022年A市统计年鉴。

注:交通运输设备制造业包括汽车制造业与铁路、船舶、航空航天和其他运输设备制造业。

从A市汽车产业发展的相对规模看(见图9-1),其在全国汽车制造业中占有的比重逐年走高,尤其是2011年以后增长速度较快,并长期保持在较高位置。近年来,随着首都功能定位的调整,自2018年达到顶点后有所回落。从汽车制造业的区域集聚程度分析,

---

[1] 于浩,姜勇,曲选.北京市发展第三代汽车用钢产业浅析[J].新材料产业,2014(1):8-11.

2015年,按规模以上工业企业资产总计分析的区位商为1.64,以企业单位个数计算的区位商为1.77;2018年,按规模以上工业企业资产总计分析的区位商为1.70,以企业单位个数计算相对集聚水平,区位商为1.87,均可反映出A市汽车制造行业已形成明显的地区集聚情况。

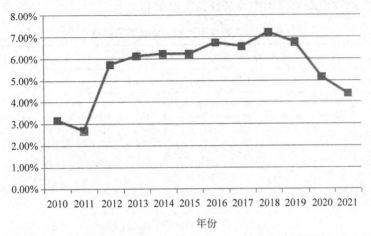

图9-1　A市交通运输设备(汽车)制造业资产总计占全国的比重年度变化

数据来源：2011—2022年A市统计年鉴、2011—2022年中国统计年鉴。

注：2010—2011年为交通运输设备制造业数据,2012—2021年为汽车制造业数据。

二、A市汽车产业集聚区域分布

从区域汽车产业集聚发展的变化过程和地区分布来看,1996年汽车产业的集聚程度比较低,大多数企业集聚在A市及其周边地区;到2001年前后出现少数集聚中心主导的向心集聚,2010年整体布局呈向东南方倾斜的趋势,形成了以A市为核心城市及其临近城市共同发展的多个集聚点并存的多中心格局。就A市汽车产业发展而言,城市发展新区形成汽车零部件和配件生产企业的主要集聚地,而汽车修理则比较集中地分布于城市功能拓展区[①](见表9-2)。

表9-2　A市汽车零部件和配件企业以及汽车修理企业数比重变动情况　　单位：%

功能区域	1996年		2001年		2010年	
	零部件和配件企业	修理企业	零部件和配件企业	修理企业	零部件和配件企业	修理企业
功能核心区	12.38	—	8.30	4.58	5.31	2.45
功能拓展区	45.71	—	34.89	48.56	35.10	45.19
发展新区	26.67	—	38.09	31.57	39.38	41.51
生态涵养发展区	15.24	—	18.72	15.28	20.21	10.84

从产业链的分工来看,汽车产业包括零部件生产、整车生产和汽车修理服务三大部分,

---

① 黄娉婷,张晓平.京津冀都市圈汽车产业空间布局演化研究[J].地理研究,2014(1):83-95.

而完整的汽车产业价值链则包括从研发设计、零部件生产、整车组装到汽车销售和服务等环节。① 其中零部件生产包括发动机零部件、底盘零部件、电子电器零部件和汽车车身、挂车制造等,汽车生产可以分为整车生产和汽车改装等。由表9-3可以看出,A市在汽车生产制造环节已形成了比较全面的汽车主要部件的生产配套企业。

表9-3 A市汽车产业企业类型及数量

企业类型		数量/家
汽车、改装车生产企业	汽车生产企业	33
	改装车及其他生产企业	53
零部件生产企业	发动机零部件生产企业	119
	底盘零部件生产企业	239
	车身零部件生产企业	391
	电子电器零部件生产企业	467
	通用件和相关工业产品生产企业	575
	汽车用品及工具生产企业	689

资料来源:中国汽车企事业单位信息大全。

A市汽车产业在产业链的不同环节呈现不同的区域分布特征,即各环节表现为分散的趋势,但各环节间表现为集聚趋势。在具体的分工环节,零部件生产布局较为分散,已逐步从近郊向远郊地区转移,主要布局在东北、东南的远郊地区,且呈继续分散的趋势。从汽车产业价值链分析,在作为中间部分的汽车生产制造和修理环节中,零部件的生产相对来说具有技术资本密集度低的特点,利润较小,主要利润分布在汽车整车制造环节。从A市几个主要的汽车品牌公司的生产基地布局来看,集聚态势比较明显,整车制造部分相对来说分布在A市的远郊地区,而汽车修理环节受其服务属性的影响,主要分布在近郊地区,虽然相对比较分散,但总体上空间分布的集聚性逐步增强。

第二节 A市职业院校专业建设情况

一、A市职业院校专业类型集中情况

(一)高职院校

按专业大类分析,A市公办高职院校主要集中在财经大类、电子信息大类、制造大类、艺术设计传媒大类,分别占专业总数的17.33%、13.92%、12.22%和8.24%,四大类专业数合计占全部专业总数的50%以上(见图9-2)。

从专业类型的学校分布来看(见表9-4),通过专业类的分析可以看出学校专业设置的集中程度。集中程度可以用专业数量与专业类数量的比值反映②,比值的结果表示平均一

---

① 黄娉婷,张晓平.京津冀都市圈汽车产业空间布局演化研究[J].地理研究,2014(1):83-95.
② 曾宪文,闫萌.简论高等职业院校专业群建设——基于量的分析[J].中国职业技术教育,2010(18):33-36.

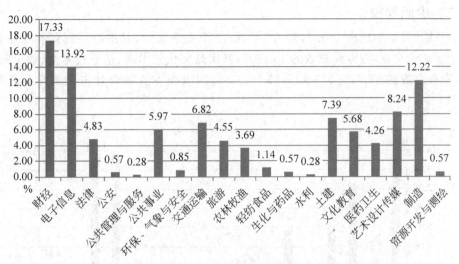

图 9-2　A 市高职院校专业设置的专业大类集中情况

个专业大类下包括的专业数量。如果专业类别相对学校的专业数量较多,比值就会越大,也就说明专业越集中,反过来则说明专业设置较为分散。学校专业数量最多的学院设有 49 个专业,涵盖 11 个专业大类;另一个专业设置较多的学院有 43 个专业,分散在 10 个大类中,此类院校可以认为是专业设置大而全的代表。但也有一些院校虽然专业总数不多,却涉及众多专业类别,如某学院共 15 个专业,分别归属 10 个专业大类。此外,还有些面向专门领域的学校如艺体、卫生类职业学院,专业门类一般会比较集中,只涉及 1 个专业大类。整体上分析,如果去除 3 所专门性的职业院校计算专业数量与专业大类比值的平均数为 3.5,最大值为 5.8,比值小于 3 的院校有 7 所,即意味着有一半的高职院校在一个专业大类下仅设置了 1~2 个专业,专业相对比较分散。

表 9-4　A 市高职院校分专业类型的专业设置集中程度

院　校	专业数	专业大类数	比值	院　校	专业数	专业大类数	比值
A 学院	49	11	4.5	J 学院	15	5	3
B 学院	43	10	4.3	K 学院	15	10	1.5
C 学院	35	6	5.8	L 学院	15	6	2.5
D 学院	28	8	3.5	M 学院	13	6	2.2
E 学院	26	6	4.3	N 学院	10	1	10
F 学院	22	10	2.2	O 学院	9	1	9
G 学院	20	4	5	P 学院	9	5	1.8
H 学院	19	7	2.7	Q 学院	5	1	5
I 学院	17	3	5.7	—	—	—	—

(二) 中职学校

A 市共开设中职层次专业 1185 个,涉及 18 个专业大类,其中财经商贸类专业数量最多,包括 189 个专业,占专业总数的 15.86%;其次是文化艺术类、信息技术类、加工制造类,分别占专业总数的 15.77%、15.10% 和 12.67%,四大类专业数合计占全部专业总数的近 60%(图 9-3)。

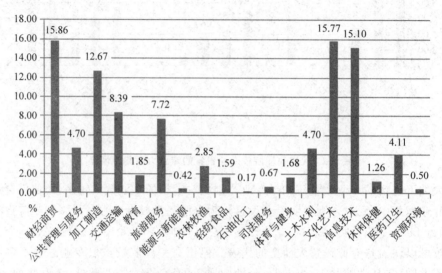

图 9-3 A 市中职学校专业设置的专业大类集中情况

从专业设置类型的学校集中程度分析,由于中职学校数量较多,限于篇幅,不能一一列举。专业数量从最少的一所学校仅有 1 个专业到最多的有 33 个专业,包括 13 个专业大类。其中,只有 1 个专业的学校共有 21 所,学校专业特色性较强;开设 20 个以上专业的学校有 15 所,专业大类数从 5 个到 12 个,每个大类下平均包含 2~4 个专业。相对来说集中程度也不高,部分原因可能在于一些学校迫于招生压力,为追求专业设置全面,设置热门专业或市场需求度较高的专业,在一个专业大类下只有 1 个专业,降低了学校整体专业的集中程度。

二、A 市职业院校汽车类专业布点情况

(一) 高职院校

从制造大类专业设置的学校集中情况来看,制造大类包括全部专业数 44 个,分布在 10 所院校之中。其中汽车类 17 个,占全部专业总数的 4.83%,占制造大类专业数的 38.64%。此外,交通运输大类中还有 3 个汽车专业。从专业数量的学校分布来看,汽车类专业较多地集中于对口型的职业院校中,专业设置类型集中程度比较高,汽车类专业占学校专业总数的近 1/3。其余院校从整体上看,制造类专业与汽车类专业在各个院校的分布中也存在一定规律性的比例关系,如制造类专业开设较多的某院校共有 12 个专业,有 4 个汽车类专业,与汽车类专业占制造类专业的比例接近一致,表明了汽车类专业的优势地位。从专业数量的区县分布来看(见表 9-5),较多地集中于城市功能拓展区,专业的地区分布反映了汽车产业集聚地区的布局特点。

表 9-5　A 市高职院校汽车类专业布点数的区域分布

功 能 区 域	专业布点数	比重/%
功能核心区	—	—
功能拓展区	9	52.94
发展新区	5	29.41
生态涵养发展区	3	17.65

（二）中职学校

A 市中职学校共开设汽车类专业 54 个,分布在加工制造和交通运输大类专业中,占两大类专业总数的 22.13%,占全部专业数的 4.56%,其中主要分布在交通运输大类中,即制造类的汽车专业数量较少。从专业数量的学校分布来看,同样,专业数量设置最多的仍集中于对口交通类的职业学校,学校共 9 个专业有 8 个汽车类专业,其余学校的汽车专业集中性并不明显,一般为 3~5 个,有 14 所学校只设有 1 个汽车专业。从专业数量的区县分布来看(见表 9-6),城市发展新区汽车专业设置数量最多,为 30 个,占 A 市一半以上;其次是城市功能拓展区,为 14 个,属于比较集中的地区;其余专业分布的情况,相对来说比较分散,但总体上从区域分布来看与产业的集聚地区具有近似一致性。

表 9-6　A 市中职学校汽车类专业布点数的区域分布

功 能 区 域	专业布点数	比重/%
功能核心区	2	3.70
功能拓展区	14	25.93
发展新区	30	55.56
生态涵养发展区	8	14.81

三、A 市职业院校汽车类专业布点的专业分布

综合 A 市中高职汽车类专业设置情况(见表 9-7)来看,首先,按照相应的汽车产业链环节分析,主要集中于汽车生产制造、修理服务和汽车销售环节。其中,中职学校专业设置主要集中在汽车修理服务环节,专业方向比较多,汽车清洗美容服务类专业占汽车类全部专业的 3/4 以上。其次,从专业名称上看,中职学校在专业较多的汽车修理环节,共同开设一个专业的学校较多,比如,同样开设汽车运用与维修(包括汽车维修方向)的专业有 29 个。高职院校的专业设置在面向价值链中利润较高的汽车营销环节的专业也相对较多,汽车维修服务包括汽车整形技术专业也较多,而两类院校均在汽车产业链的加工制造环节上专业数量设置不足。最后,从中高职的专业衔接情况分析,各专业都有相对应的高职专业或中职专业,但仅从专业数量的设置比例上来看各环节匹配性还不够均衡。

表 9-7　A 市职业院校汽车类专业布点数的具体专业分布

中等职业学校			高等职业院校		
专 业 名 称	开设数量	比重/%	专 业 名 称	开设数量	比重/%
汽车制造与检修	5	9.26	汽车制造与装配技术	3	17.65
汽车运用与维修	32	59.26	汽车电子技术	2	11.76
			汽车检测与维修技术	5	29.41
汽车美容与装潢	10	18.52	汽车整形技术	1	5.88
汽车整车与配件营销	7	12.96	汽车技术服务与营销	6	35.29

第三节　A 市汽车类专业集群构建

一、汽车类专业设置与职业的对应分析

根据《普通高等学校高等职业教育专科(专业)目录(2015 年)》和《中等职业学校专业目录(2010 年修订)》中专业与职业的对应关系,将 A 市职业院校汽车类专业与相应的职业作对比分析,探查汽车产业的职业人才培养情况。由于现有的高职院校专业还是在原有专业目录基础的指导下设置的,并没有关于专业与职业对应的部分,而 2015 年高职专业目录中,增加了相应职业的列举。为此,参照新版专业目录对现有专业与对应的职业作了比对。在新目录中,对部分原有专业名称作了更改,例如将汽车技术服务与营销、汽车营销与维修、汽车服务与管理、二手车鉴定与评估等专业合并为汽车营销与服务,将汽车整形技术更名为汽车车身维修技术,便于统一比对查找。比对结果(见表 9-8)表明,A 市高职院校专业设置主要面向的职业包括以下九个职业小类:2-02-07 机械工程技术人员,2-02-14 电气工程技术人员,4-01-02 推销、展销人员,4-01-04 拍卖、典当及租赁业务人员,6-04-99 其他机械制造加工人员,6-05-06 仪器仪表装配人员,6-05-07 运输车辆装配人员,6-06-01 机械设备维修人员,6-26-01 检验人员。

表 9-8　A 市高职院校专业对应职业及衔接中职专业情况

开设专业名称	对 应 职 业	衔接中职专业
汽车电子技术	汽车摩托车修理技术服务人员,汽车零部件、饰件生产加工人员,仪器仪表装配人员,电气工程技术人员	汽车电子技术应用 汽车运用与维修
汽车电子技术(新能源汽车技术方向)		
汽车技术服务与营销	销售人员、商务专业人员、租赁业务人员、典当服务人员	汽车整车与配件营销
汽车检测与维修技术	汽车摩托车修理技术服务人员、检验试验人员、商务专业人员	汽车运用与维修 汽车制造与检修

续表

开设专业名称	对应职业	衔接中职专业
汽车整形技术	汽车摩托车修理技术服务人员	汽车车身修复 汽车制造与检修 汽车美容与装潢
汽车制造与装配技术	汽车零部件、饰件生产加工人员，汽车整车制造人员，机械工程技术人员，电气工程技术人员	汽车制造与检修 汽车运用与维修

从专业与职业的对应情况分析，根据《中等职业学校专业目录（2010年修订）》，将学校所开设专业与目录中所列举的职业相对应，再按照我国1999年发布的职业分类目录对所列职业进行归类，可以归纳出A市中职学校所开设专业对应的职业类别（见表9-9），共涉及以下九个职业小类：4-01-02推销、展销人员，6-04-99其他机械制造加工人员，6-05-02机械设备装配人员，6-05-03动力设备装配人员，6-05-07运输车辆装配人员，6-06-01机械设备维修人员，6-07-06生活生产电力设备安装、操作、修理人员，6-24-01公(道)路运输机械设备操作及有关人员，6-24-05起重装卸机械操作及有关人员。由于中职专业目录中部分所列举的职业划分过细，并未直接出现在职业分类目录中，如汽车机械及控制系统维修、汽车电器维修、汽车维修质量检验等，相近全部归入6-06-01机械设备维修人员中。

表9-9 A市中职学校专业对应职业及衔接高职专业情况

开设专业名称	对应职业	衔接高职专业
汽车制造与检修	汽车修理工、汽车(拖拉机)装配工、汽车模型工、汽车饰件制造工、汽车生产线操作调整工、装配钳工、内燃机装配工、摩托车调试修理工	汽车制造与装配技术、汽车检测与维修技术
汽车制造与装配		
汽车检测	汽车机械及控制系统维修、汽车电器维修、汽车维修质量检验、车辆技术评估、汽车维修业务接待、汽车及零配件销售、汽车驾驶、起重机驾驶员、汽车(拖拉机)装配、汽车玻璃维修工、维修电工、汽车修理工、汽车维修电工	汽车检测与维修技术、汽车电子技术、应用电子技术
汽车维修(电器维修，大客车、轿车、汽车商务、汽车机电工方向等)		
汽车运用与维修		
汽车运用与维修(新能源汽车维修)		
汽车车身修复	钣金(车身修复)、涂漆(车身涂装)、事故汽车定损员、汽车美容、车身修复设备及材料销售	汽车整形技术
汽车美容与装潢	汽车清洗、汽车美容、汽车装饰、汽车美容与装潢设备及材料销售	
汽车钣金与涂装		
汽车钣金与涂装(汽车装饰与美容方向)		
汽车整车与配件营销	汽车销售、二手汽车销售、汽车零部件销售、汽车保险代理、营销师	汽车技术服务与营销

二、基于产业—职业分析的人才缺口分析

从专业与职业的对应性分析，A市中高职院校专业所培养的职业人才类型共包括十四

个职业小类。从制造业的职业人员需求看，根据前文制造业的职业需求分析结果，从与制造业发展相关性较高的职业中选取，再结合 A 市汽车制造业产业发展的特点，主要包括机电产品装配人员，机械制造加工人员，电子元器件与设备制造、装配、调试及维修人员和机械设备修理人员。运用全国人口普查数据和 A 市的人口普查数据，一方面计算产业需求的职业人员地区集中情况，另一方面对比现有专业设置的职业人才培养情况。

就产业发展的职业需求程度来说（见表 9-10），其一，A 市在需求较高的机电产品装配人员上地区集聚水平低于全国平均规模，虽然部分职业已经形成集聚规模，但均并未超过 1.5 的显著水平，相较于 A 市快速发展的汽车制造业来说并不足够。从现有专业的人才培养来看，主要涉及机械设备装配人员等，尤其是动力设备装配人员相对规模较小，同时考虑到 A 市整车制造规模集聚趋势明显以及整车制造属于价值利润较高的生产环节，而相应的汽车制造类专业开设比例并不高，应当加强。其二，从产业需求的其他职业人员来看，在机械制造加工人员上保持了与全国相当的水平，在电子设备制造人员的规模上较低，可能与 A 市的产业结构调整政策有关，同时由于 A 市的汽车零部件加工制造企业已逐步外迁和转移，对相关的职业需求不大。但即便在整车制造或核心部件的制造上也应该存在一定数量的相关职业需求，应根据 A 市汽车产业发展具体制造环节的特点和对某方面的需求进行有针对性的职业人才培养，设置相关的专业。其三，在汽车修理服务环节虽然形成明显的集聚，由于其面向市场服务的特点，并不局限于产业的内部发展，可以结合市场需求特点及方向等因素考虑相应的汽车维修类专业设置规模。

表 9-10　A 市汽车产业需求的生产操作职业人员的地区集聚程度

职业中类	职业小类	LQ	职业中类	职业小类	LQ
机电产品装配人员（0.88）	基础件、部件装配人员	1.31	机械制造加工人员*（1.04）	机械冷加工人员	0.88
	机械设备装配人员#	1.50		机械热加工人员	1.37
	动力设备装配人员#*	0.74		特种加工设备操作人员	0.27
	电气元件及设备装配人员*	0.50		冷作钣金加工人员	1.14
	电子专用设备装配调试人员	1.21		工件表面处理加工人员	1.90
	仪器仪表装配人员#	1.12		磨料磨具制造加工人员	0.32
	运输车辆装配人员#	1.45		其他机械制造加工人员	0.24
	五金制品制作、装配人员	0.33	电子元器件与设备制造、装配、调试及维修人员*（0.69）	电子器件制造人员	0.50
	其他机电产品装配人员	0.32		电子元件制造人员	0.36
机械设备修理人员（1.54）	机械设备维修人员#	1.54		电池制造人员	1.41
	仪器仪表修理人员	2.60		电子设备装配、调试人员	1.43
	其他机械设备修理人员	0.33		电子产品维修人员	1.56
				其他人员	0.26

数据来源：根据全国人口普查数据计算。

注：# 表示现有专业对应的职业，* 表示需要加强培养的职业人才，* 表示职业人才空缺。

三、A 市汽车专业集群发展体系建设

综合 A 市汽车类专业建设现状分析,中高职院校围绕汽车产业价值链的分布已经具备形成一定的专业横向联结、纵向衔接的发展体系的能力。横向上来看,主要分布在产业价值链的中下游环节,从加工制造、汽车营销到汽车修理、汽车美容服务等,但各环节的专业分布数量不一,中高职院校较多地集中于汽车维修服务方面的相关专业,高职院校在汽车技术服务与营销上专业设置相对较多,在加工制造环节对应的汽车制造与装配上的专业设置较少。纵向来看,中高职各有相互衔接的对应专业,不同专业的衔接有所侧重,其衔接专业的覆盖面有所不同,其中中职学校的汽车制造与检修专业和高职院校的汽车技术服务与营销专业相对应的专业较多,属于专业体系的中心型专业。

根据汽车类专业集群体系结构图,结合相关的分析数据,可以比较清楚地掌握地区内职业院校专业建设的整体状况,明确各专业所处的位置以及不同院校专业之间的相互关系,有利于对地区专业建设实施有效的管理,促进形成良好的专业结构和专业布局,从而推动并实现职业教育专业与地方产业的互动与衔接。

第四节 A 市汽车类专业集群发展方向

在专业集群发展理论建构的基础上,结合 A 市地区汽车产业和汽车类专业发展的实际情况进行案例分析,可视为对如何构建专业集群体系的具体设计和应用。既是专业集群建设理论具体化的方法呈现,又可以作为专业集群理论的一个有力的支撑和例证。从分析 A 市汽车产业发展现状和中高职院校的专业建设情况入手,针对专业建设中专业重复建设、布点分散、专业建设规模与产业发展不够均衡等问题,加强专业集群建设成为统筹区域专业发展的根本路径。根据专业指导目录分析现有专业人才培养的职业面向;运用产业—职业分析探查产业集群的职业需求空缺,明确专业集群的人才培养目标;依据汽车产业链的分工环节构建相适应的专业集群发展体系,成为地区专业管理的有效抓手。为此,在建立 A 市汽车类专业集群发展框架的基础上,审视专业与产业发展现状,提出应适度调整本地专业人才培养,同时注重纵向上专业层次的衔接,形成适应汽车产业集群类型特征的专业集群发展模式。

一、调整部分专业的适配规模

在集群的人才培养定位上,产业集群的职业分析数据表明,目前汽车产业集群的人才需求主要集中在产业链的生产制造和装配环节。一是机电产品装配人员,尤其是动力设备装配人员和电气元件及设备装配人员,其中动力设备装配人员在现有专业设置中虽已有培养,但由于相应职业人员的集聚指数较低,说明人员相对规模不足,尚需要加强;而电气元件及设备装配人员则属于专业设置空缺。二是机械制造加工和电子元器件制造类职业人员对应的专业设置也属空缺,其中电子元器件制造的职业人才尤其较少。从产业链的发展特点来说,汽车产业链的加工制造环节特别是零部件加工的产品利润空间较低,A 市汽车产业的零部件加工企业已逐步向外围转移,主要发展利润相对较高的整车装配制造,而且,也是由于 A 市限制发展制造业等因素的存在。因此,随着产业结构的进一步调整和制造业的转

移,可以转向市场调节的方式。

二、注重专业纵向层次的衔接

从专业集群的体系建设来说,基于产业分工与职业联系的各专业已具备建立专业集群的基本架构。从各环节专业的数量分析,横向联结方面,专业的区域分布与产业集聚的空间布局具有基本一致性,但在纵向体系上专业层次衔接与匹配性不够,比如,体现为中职学校汽车维修类专业设置较多,而高职学校开设汽车营销服务类专业较多。而且,同类院校在相同专业的设置上没能体现出专业方向的差异性,应注重逐步建立反映产业集群分工特点的专业异质化发展模式和结构体系。

三、促进集群企业的创新发展

从促进产业集群创新发展,建设专业集群发展的外部条件来说,A市汽车产业集群从集群的类型分析应属于轮轴式产业集群,几个核心的大型企业处于支配地位,围绕大企业而形成附属企业和相关企业的集聚,汽车产业集群的升级发展对技术创新有着明显的需求,构成了专业集群发展的区域环境。《A市人民政府关于加快发展现代职业教育的实施意见》要求,进一步"调整优化职业教育专业布局"。未来如果持续坚持汽车产业区域布局的情况下,职业教育专业管理体制的优化建设,重在根据专业集群发展的框架,调整专业数量,形成合理的专业结构;提升专业建设层次,拓展专业服务产业的领域;密切结合所在区域的产业发展需求,细化专业方向,促进配套企业的创新发展;推动专业管理体制改革,实现专业与产业同步发展。

第十章

职业教育专业建设未来展望

第一节 职业教育专业集群发展的现实逻辑

一、专业集群的"三重"建设逻辑

其一,职业教育专业的职业属性要求专业产业协同创生。职业教育专业的职业属性原则和职业性内涵决定了职业教育的专业建设必须密切联系职业的发展变化;职业是社会分工的结果,影响职业变化的主要因素是产业的变化和技术进步,其中产业集聚与集群化发展是社会分工范围的扩大在不同层面的表现,是产业链纵向分工和区域内横向集聚发展的经济现象;而反过来产业集群的形成又会促进分工的深化,引发区域内企业在生产专业化程度、生产技术水平、生产组织方式等方面的变革,并增强产业间的融合联系,由此必然导致地区内职业分工与职业岗位的变化。因此,专业与产业的关系通过职业的联系而存在,研究产业发展中的职业变化和需求成为职业教育专业建设的基础。

其二,集群理念的思想内核赋予专业建设丰富内涵。一方面,集聚与集群作为经济学中的术语,体现了资源的共生共享、管理的集约化经营以及系统的要素协同等思想,有助于解决专业管理中的专业目录统一管理与专业设置差异性发展,专业设置口径的标准难以确立,职业院校专业建设中盲目性、重复建设和专业规模小而散等问题;另一方面,集群的灵活稳定性和竞争优势的组织特点,使得专业集群发展的建设与管理模式可以灵活地满足产业集群对人才的不同区域、层次和专业的多样化需求,而且集群式的组织发展有助于增强区域专业建设和人才培养的核心竞争力,形成专业建设的品牌效应。

其三,产业集群的客观需求推动专业集群同生共长。面向产业集群的职业教育专业集群发展模式既是对集群思想的吸收借鉴,又是以产业集群为直接的服务对象,专业集群不能脱离产业集群而存在。专业集群发展以其专业性人才培养的供给职能,在产业集聚期的基础型劳动力市场建设、集群转型期专业性生产要素的培育和集群升级过程中对不同层次和专业类型的地方专有性劳动力培养方面提供教育支持,因此,专业集群以服务于特定的产业集群而存在。

二、专业集群的"三段式"发展策略

专业集群发展如何进行?研究提出以专业集群发展的"三段式"内容为主的建设策略。

即以服务并促进产业集群发展和人才需求为根本的发展定位,建立横向联系、纵向沟通和具有综合功能的专业集群发展体系,围绕制度与组织建设要素,探索促进专业集群发展的共建与协调机制。

第一,基于产业—职业分析的专业人才培养。从产业链的纵向分工来看,我国产业分工集中在价值链中间位置的生产制造和批发零售环节,服务环节仅在少数几个大城市有一定的发展;就制造业的横向集聚来看,制造业大部分行业的集聚仅集中在东部几个省份,产业集聚向中西部省份转移的趋势不明显;从具体行业的区域集聚来看,产业集聚与职业人才的集聚程度之间存在一定的偏差,一些地区在产业的上、下游发展和承接产业转移的人才方面支撑性不足。总体上分析,我国位于产业链分工的低端环节,区域产业集聚不均衡,产业职业人才匹配性不够。为此,应根据不同地区产业集聚发展情况和特点,从产业的职业分析入手,根据产业所拥有的职业人才现状和所需要的职业人才需求的分析,有针对性地培养产业集群发展所需要的人才。

第二,基于集群特征的地方化专业集群体系建设。不同地区产业分布具有不同的特征,即使处于同一产业也可能处在产业分工的不同环节,而且产业集群类型的不同决定了其创新发展的要求特点各异,再加上产业集群的根植性要求培养本地化的人才等,要求专业集群建立地方化的发展体系。为此,应遵循普适性与多样化方向相结合、统一管理与自主设置相结合、专业分类与职业分类相协调的原则,建立适应产业集群分工和分类特点、满足地方经济产业发展需求、有利于专业衔接、实现综合化发展的区域专业集群发展体系。

第三,基于创新推动的专业集群发展机制优化。集群创新是区域创新的重要组成部分,制度与组织建设是推动区域创新体系建设的主要因素。为此,围绕制度与组织要素加强专业集群发展的外部条件建设,成为专业集群发展保障的重要内容。针对我国专业管理制度的特点和专业集群发展的要求,从政府和校企两个层面,分别提出改革我国传统专业管理体制,建立健全新型的专业设置和合作共建制度;从专业集群组织的主体构成和机构建设两个方面,提出专业集群组织建设的具体内容。现实来看,专业集群发展是我国专业建设的重要政策内容和发展方向,目前尚处于专业集群构建和发展的初始阶段,需要建立起一套完整的专业集群引导、建设、评价和转换机制,以促进我国专业集群的建设和持续发展。

第二节 职业教育专业建设研究的问题聚焦

专业建设是职业院校特色发展的关键所在,对学校的发展起着至关重要的作用。在我国,专业不仅作为学校教育教学工作的载体,还作为教育行政管理的基本单元,发挥着宏观调控的功能。因此,专业建设意义重大且影响深远,需要我们持续不断反思已有研究的不足,聚焦新时期研究的重点领域,以支撑未来专业建设工作更好地开展。我国职业教育经过多年的建设发展,专业建设工作取得了较为突出的成绩,适时研究颁布了新的中、高等职业教育的专业目录,有效指导并规范了专业建设的发展。结合现状来看,专业建设研究在以下方面有待深入。

一、专业的存续基础

长期以来,无论是普通教育还是职业教育院校专业建设都面临一些共同的问题,如专业的划分依据、专业内涵的要素分析、专业设置的口径、专业结构调整的灵活性与专业发展的稳定性的关系、专业建设综合效益评估、专业的社会贡献度和价值认知与计量等,尤其是体现职业教育专业特点、支撑职业教育专业特色发展的研究还不够。

二、专业的职能定位

管控单元还是自组织体?职业教育的专业强调市场属性,密切联系产业发展培养人才,但一方面我国专业的管理体制一定程度上限制了专业的延伸和综合化发展,专业自主建设的体制没有确立;另一方面,专业群的组建和资源整合、专业与产业的协调、专业结构与产业结构相适应的标准尚未建立,使得专业的功能难以有效发挥。

三、专业的建设模式

从专业建设自身来说,不同的专业在人才培养定位、产教融合的形式、课程教材建设、实践教学组织实施、专业建设质量监控评价等方面应各有特点和建设规律,不宜概而论之。在现行专业目录分类的基础上,规划研究不同专业大类的建设特点、模式与机制,未来在专业群化发展趋势的推动下,专业规模化、综合化的方向明显,但如何科学开展专业群建设尚需深入探索。

四、专业的层级衔接

随着现代职教体系的建设完善,职教层次逐步上移发展,不同层级教育间的专业衔接问题日益显现;而且同一层级的专业之间,专业群化发展趋势加强,专业建设规模不断扩大,专业群内部的专业应该如何协调也需要认真研究。

五、专业的差异化发展

一方面,就目前的情况而言,专业重复建设问题始终存在,专业与产业如何协同发展更是理论难点,因此,专业结构优化与动态调整机制等难点问题仍需深入研究;另一方面,对于新建或转型发展的院校,其在专业建设上如何凸显职业教育的专业建设特点,以与普通教育相区分,彰显职业教育的类型特征。

第三节 职业教育专业建设研究的未来展望

未来的职业教育专业建设研究,应在总结研究成果和反思不足的基础上持续深耕专业的根本问题,揭示专业建设的现实症结,推动专业建设向高水平、特色化、标准化和国际化的方向迈进。

一、关注专业建设研究的新兴领域

第一,服务国家战略发展的时代课题。认真研究落实"一带一路"倡议、"中国制造2025"、精准扶贫等国家战略对新时代职业教育创新发展和技术技能人才培养的需求,开展专业价值创新、专业设置理论、专业制度建设等研究,探索建立有中国特色的职业教育专业体系。第二,数据驱动的专业管理创新。在大数据的时代背景下,应研究建立以大数据为基础的专业设置与调整的管理制度,探索建立数据驱动决策机制,充分挖掘并运用数据的优势和作用来指导学校专业建设工作。第三,人工智能时代的专业变革。一方面,人工智能技术的深入发展与应用普及会带来人才需求岗位和结构的变化,进而影响专业人才的培养方向和专业人才的能力要求,引发专业调整;另一方面,人工智能技术也将逐步应用于课程教学和学习,促进专业要素建设的创新发展。

二、加强高水平专业的特色化研究

经过多年的政策推动,加强高等职业院校的专业建设,整体提升专业发展水平,切实增强专业的建设水平和核心竞争力仍然是当前面临的重要而又迫切的任务,包括继续开展骨干和重点专业建设,建设高水平专业,探索本科层次职业教育的专业建设,提高专业的技术协同创新能力等新型议题。其中,尤其是在高水平专业建设的研究与实践方面,目前在省市层面,还没有建立起面向未来的职业教育高水平专业建设的引导与推进机制。为此,在职业教育"双高"计划的建设背景下,落实《教育部 财政部关于实施中国特色高水平高职学校和专业建设计划的意见等政策文件精神》,阐明高水平专业的资源条件、内涵特质、建设机制和评价标准等,指导高水平专业建设计划同步实施。

三、开展专业建设的机制标准研究

专业建设标准是指导专业规范建设,深化学校内涵发展的纲领性文件,应涉及对专业建设定位、专业建设目标、课程建设标准、师资建设标准、专业要素建设标准、专业教学实施标准、专业质量评价标准等内容做出规定,是保障和提升职业教育人才培养质量的重要依据。目前,专业建设标准仅在部分院校内部开展探索,还没有形成系统性和规范性的制度文件,国家仅出台了部分中高职专业的教学标准。可见,专业建设标准研究亟待开展。首先,明晰专业建设标准的紧迫性和重大意义。其次,加强专业建设的过程管理和质量评估,研究制定科学合理的评估指标体系。最后,研究探索新型专业分类设置与管理体系,以协同职业体系发展,将职业教育专业建设研究工作推向新阶段。

四、重视专业建设的经验模式研究

一是总结典型经验。加强专业建设的案例研究,选取专业建设成功案例,围绕专业人才培养目标、模式、课程、教学等方面研究总结,突出专业的优势、特色,反映专业建设的标志性成果,整理形成专业建设的典型经验,丰富同类研究成果。二是发掘特色模式。积极深入实践产教融合的人才培养模式,并结合专业实际不断创新。在广泛合作的基础上,以中外合作办学项目为载体,吸收国外专业建设经验,推进高水平专业建设,提炼形成具有国际水准、地方特色的专业发展模式。三是资源输出研究。实施"走出去"战略,输出先进的专业建设理念,发挥专业的纽带作用,输出高水平课程、教学和技术服务资源,开展共享型专业课程教学资源库建设研究,加强与"一带一路"沿线国家的交流与合作,扩大我国职业教育的国际影响力。